ANNUAL REPORT OF
CHINESE CIVIL AVIATION PILOT DEVELOPMENT 2021

中国民航驾驶员发展年度报告

2021年版

中国民用航空局飞行标准司　编

大连海事大学出版社
DALIAN MARITIME UNIVERSITY PRESS

图书在版编目(CIP)数据

中国民航驾驶员发展年度报告：2021年版 / 中国民用航空局飞行标准司编. — 大连：大连海事大学出版社，2022.4
ISBN 978-7-5632-4274-0

Ⅰ.①中… Ⅱ.①中… Ⅲ.①民用航空—飞行驾驶员—研究报告—中国—2021 Ⅳ.①F562.6

中国版本图书馆CIP数据核字(2022)第052479号

大连海事大学出版社出版

地址：大连市黄浦路523号　邮编：116026　电话：0411-84729665(营销部)　84729480(总编室)
http://press.dlmu.edu.cn　　E-mail:dmupress@dlmu.edu.cn

大连金华光彩色印刷有限公司印装　　　　　　　大连海事大学出版社发行

2022年4月第1版　　　　　　　　　　　　　　2022年4月第1次印刷
幅面尺寸：210 mm×285 mm　　　　印张：7.75　　　　字数：173千

出版人：刘明凯

责任编辑：宋彩霞　　　　　　　　　　　　　　责任校对：董洪英
版式设计：解瑶瑶　　　　　　　　　　　　　　封面设计：解瑶瑶

ISBN 978-7-5632-4274-0　　　审图号：GS(2022)1691号　　　定价：47.00元

中国民航驾驶员发展年度报告

2021年版

编写组成员

张正娟 孙龙妮 陈新锋 郑志刚

柏艺琴 刘艳思 王夏峥 何 宁

目　录

第一章
中国民航驾驶员情况概述

一、驾驶员执照数量

截至2021年12月31日,中国民用航空局颁发的有效民用航空器驾驶员执照总数为76 236本,其中运动驾驶员执照(SPL)1515本,私用驾驶员执照(PPL)4822本,商用驾驶员执照(CPL)42 445本,多人制机组驾驶员执照(MPL)187本,航线运输驾驶员执照(ATPL)27 267本。

无人驾驶航空器(无人机)有效驾驶员执照120 844本,将在本章第七部分详细介绍。

2017—2021年颁发的航空器驾驶员执照总数和增量统计如表1-1所示,由于《民用航空器驾驶员合格审定规则》(以下简称CCAR-61)第四次修订规定驾驶员执照的有效期为六年,加上新型冠状病毒肺炎疫情对飞行训练活动的影响,2020年度驾驶员执照增速明显放缓。随着抗击疫情阶段性胜利的取得,驾驶员执照增量在2021年大幅回升。

表1-1　2017—2021年颁发的航空器驾驶员执照总数和增量统计

年份	2017年	2018年	2019年	2020年	2021年
净增量/本	5261	5727	6461	1489	6794
增长率	10.42%	10.27%	10.51%	2.19%	9.78%
驾驶员执照总数/本	55 765	61 492	67 953	69 442	76 236

2017—2021年中国民航每年的驾驶员执照数量统计(飞机和直升机类别)如表1-2所示。2017—2021年飞机类别和直升机类别驾驶员执照增长趋势分别如图1-1和图1-2所示,其对比如图1-3所示。

表1-2　2017—2021年中国民航每年的驾驶员执照数量统计(飞机和直升机类别)　　单位:本

	执照种类	2017年	2018年	2019年	2020年	2021年
飞机	ATPL	22 195	24 373	26 670	26 046	27 059
	CPL	27 349	30 028	33 028	35 535	39 981
	MPL	147	185	193	192	187
	PPL	2642	3036	3563	3457	4295
	合计	52 333	57 622	63 454	65 230	71 522

续表

	执照种类	2017年	2018年	2019年	2020年	2021年
直升机	ATPL	260	272	290	233	246
	CPL	1757	2116	2367	2419	2545
	PPL	724	719	805	562	534
	合计	2741	3107	3462	3214	3325

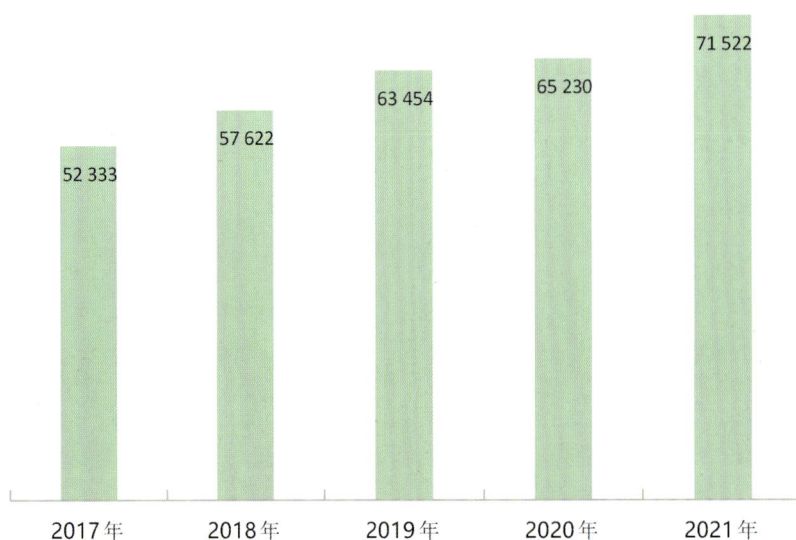

图 1-1 | 2017—2021年飞机类别驾驶员执照增长趋势（单位：本）

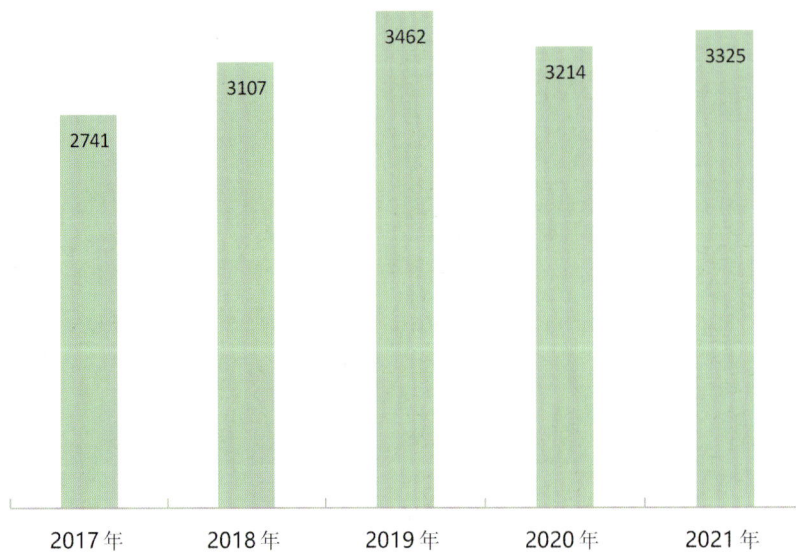

图 1-2 | 2017—2021年直升机类别驾驶员执照增长趋势（单位：本）

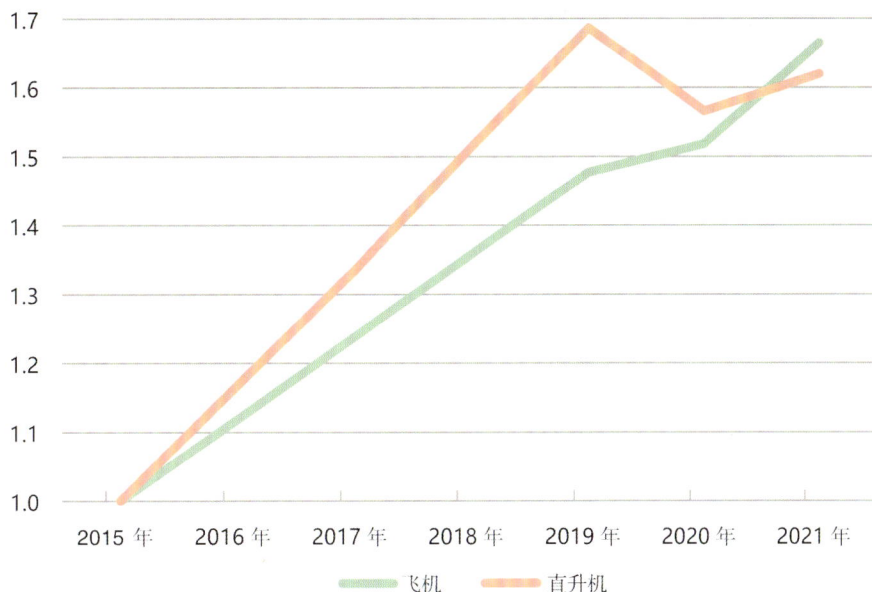

飞机　　　直升机

图 1-3 ┃ 2015—2021年飞机类别和直升机类别驾驶员执照增长趋势对比（以2015年执照数量作为基数）

截至2021年12月31日，2017—2021年我国驾驶员执照上运动类航空器等级签注的数量统计如表1-3所示。

表1-3　2017—2021年我国驾驶员执照上运动类航空器等级签注的数量统计　　　单位：本

航空器类别	2017年	2018年	2019年	2020年	2021年
初级飞机	144	238	425	656	1015
小型飞艇	8	8	8	1	3
滑翔机	44	45	45	22	22
自由气球	655	707	819	557	597
自转旋翼机	57	67	102	137	174

注：由于一本驾驶员执照上可能签注多个航空器类别等级，因此表1-1中执照总数与表1-2和表1-3总数相加并不一致。

2017—2021年驾驶员执照持有人年增量对比如图1-4所示。

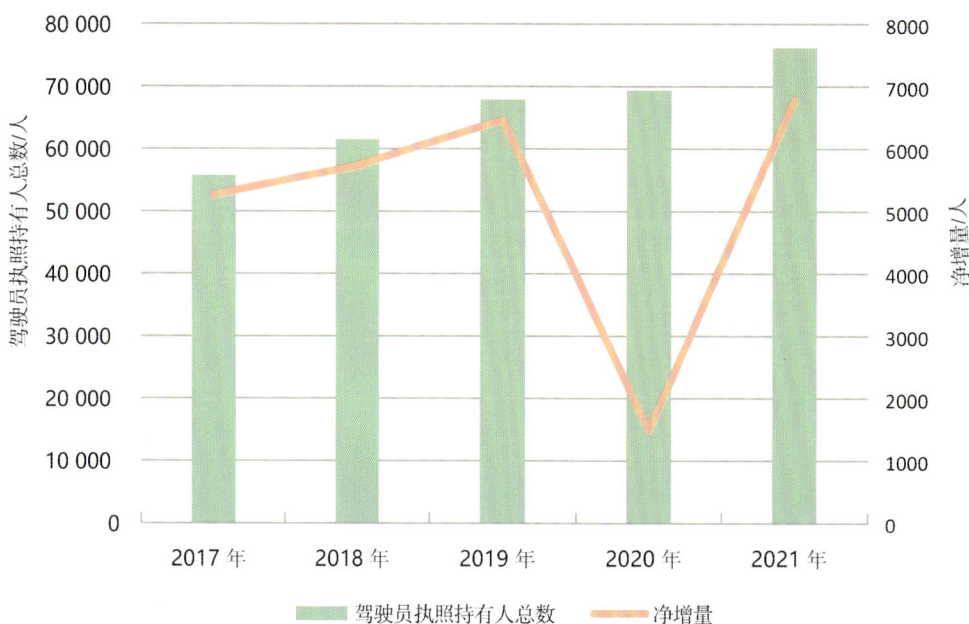

图1-4 | 2017—2021年驾驶员执照持有人年增量对比

我国的飞行教员主要分布在驾驶员学校、通用航空公司、运输航空公司和训练中心，他们负责驾驶员的养成训练、增加等级训练、升级改装训练、定期复训等工作。

飞行教员分为两大类：驾驶员学校和通用航空公司的教员主要从事类别、级别等级、仪表等级的训练，而运输航空公司和训练中心的教员主要实施型别等级训练。这两种教员等级的颁发要求也不相同。

表1-4是2017—2021年民用航空器飞行教员执照/等级数量统计表。2017—2021年驾驶员学校和通用航空公司、运输航空公司和训练中心的飞行教员的增长人数分别如图1-5和图1-6所示。

表1-4　2017—2021年民用航空器飞行教员执照/等级数量统计　　　　　　单位：人

年份	2017年	2018年	2019年	2020年	2021年
驾驶员学校和通用航空公司	1547	1986	2267	2549	2766
运输航空公司和训练中心	5332	5867	6404	6690	6612
合计	6879	7853	8671	9239	9378

注：由于规章修订，运输航空公司和训练中心的C类教员按B类统计。

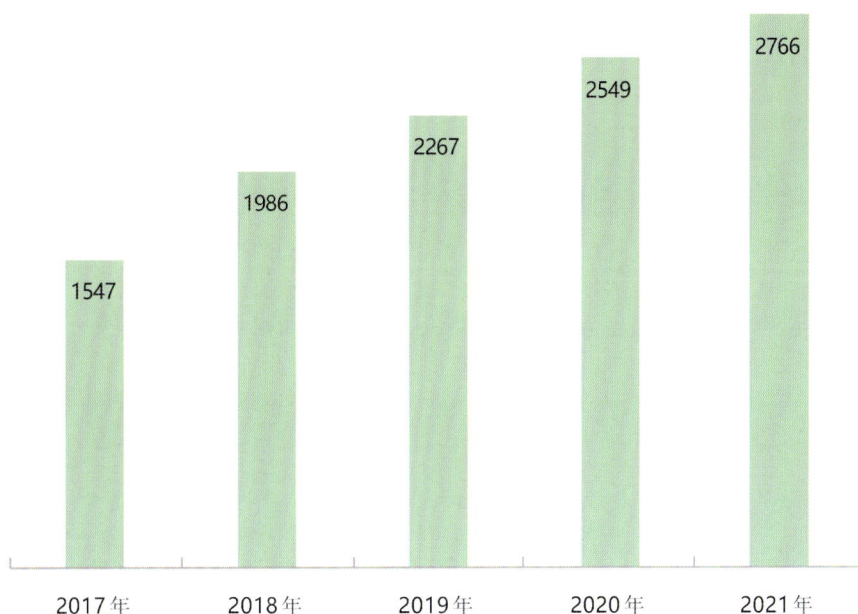

图1-5 | 2017—2021年驾驶员学校和通用航空公司的飞行教员的增长人数(单位:人)

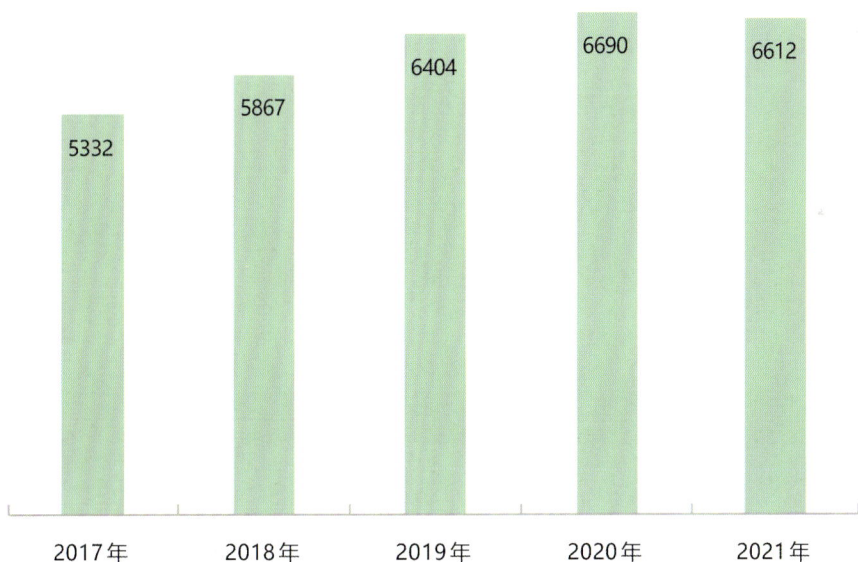

图1-6 | 2017—2021年运输航空公司和训练中心的飞行教员的增长人数(单位:人)

二、驾驶员执照分类

我国民航驾驶员主要分布在121部运输航空公司、通用航空公司(包括91部通用航空和135部小型航空器商业运输航空公司)、141部驾驶员学校[包括教员、私用驾驶员执照(简称私照)和商用驾驶员执照(简称商照)持有人]、体育运动机构、政府事务机构及其他领域,其中政府事务机构包括交通运输部救助打捞局、中国民用航空飞行校验中心等,私用驾驶员主要指持有私用驾驶员执照的人员。

2019—2021年中国驾驶员执照人数分类统计如表1-5所示。中国驾驶员分类统计和非121部运输航空公司驾驶员分布分别如图1-7和图1-8所示。

表1-5　2019—2021年中国驾驶员执照人数分类统计　　　　　　　　单位:人

分类		2019年	2020年	2021年
在职	121部运输航空公司(运行人员)	42 870	45 633	49 419
	121部运输航空公司(非运行人员)	6540	4506	6158
	通用航空公司	3599	3788	3803
	141部驾驶员学校教员	1198	1233	1322
	政府事务机构	108	112	113
在训	141部私用驾驶员执照持有人	2671	2855	3640
	141部商用驾驶员执照持有人	435	370	378
	61部训练机构在训学生	457	431	562
非在职	141部航校毕业待注册运输公司人员	1919	4347	4095
	私用驾驶员	1214	401	608
	运动航空器驾驶员	1173	1111	1515
	待飞行就业人员	1514	994	1898
非活跃	非活跃驾驶员	4255	3661	2725
合计		67 953	69 442	76 236

注:非活跃驾驶员指体检过期超过一年的执照持有人,含离职外籍驾驶员、退休驾驶员、已故驾驶员等;待飞行就业人员指在航校非整体课程训练取得商用驾驶员执照超过一年或整体课程训练取得商用驾驶员执照超过两年,仍没有固定工作单位的人员;141部航校毕业待注册运输公司人员指已在141部驾驶员学校整体课程中毕业,尚未在121部运输航空公司注册的人员。

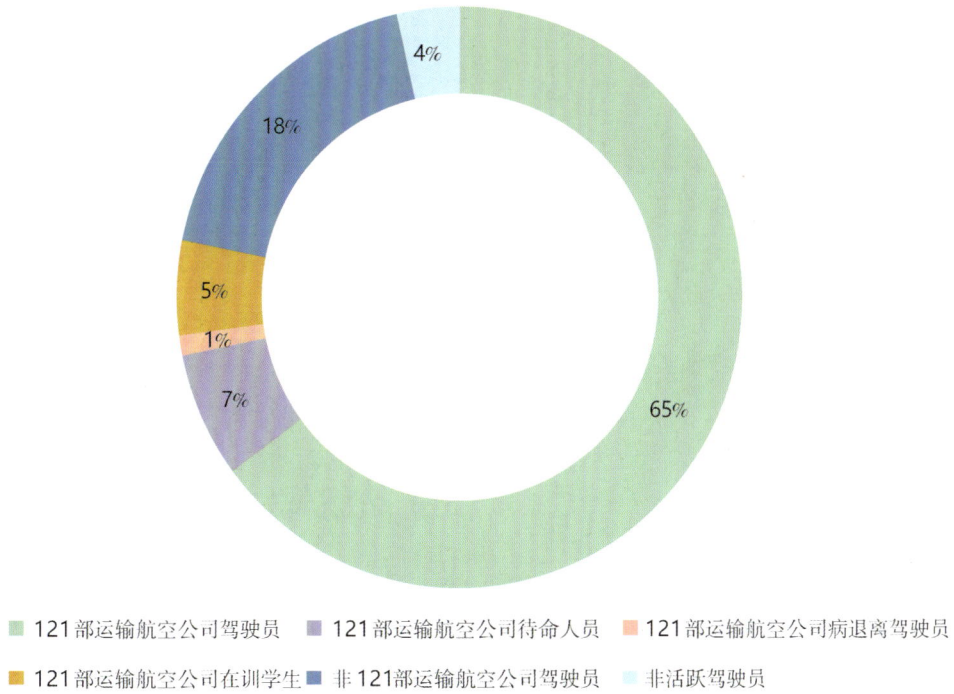

121部运输航空公司驾驶员　　121部运输航空公司待命人员　　121部运输航空公司病退离驾驶员
121部运输航空公司在训学生　　非121部运输航空公司驾驶员　　非活跃驾驶员

图 1-7 | 中国驾驶员分类统计

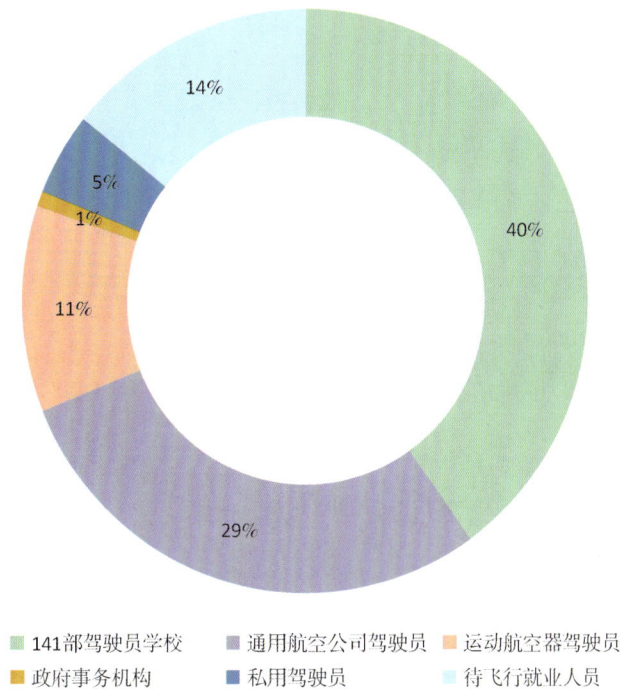

141部驾驶员学校　　通用航空公司驾驶员　　运动航空器驾驶员
政府事务机构　　私用驾驶员　　待飞行就业人员

图 1-8 | 非121部运输航空公司驾驶员分布

三、驾驶员年龄结构

CCAR-61 规定的各类执照申请人最低年龄要求如表 1-6 所示。

表 1-6　各类执照申请人最低年龄要求

执照类型	最低年龄要求
学生	16 周岁（滑翔机或自由气球为 14 周岁）
SPL	17 周岁（滑翔机或自由气球为 16 周岁）
PPL	17 周岁
CPL	18 周岁
MPL	18 周岁
ATPL	21 周岁

驾驶员的年龄上限在一般情况下没有限制，但国际民航组织（ICAO）要求 65 周岁以上人员不得从事国际商业运输。

驾驶员的年龄结构分布统计（不含非活跃执照持有人）如表 1-7 所示。驾驶员年龄结构分布及中国民航持有航线照、商照、私照驾驶员年龄结构分布分别如图 1-9 至图 1-12 所示。

表 1-7　驾驶员年龄结构分布统计（不含非活跃执照持有人）　　　　　单位：人

出生年份	航线照	商照	私照	合计
1942 年	1	0	0	1
1943 年	0	0	0	0
1944 年	0	0	0	0
1945 年	0	0	0	0
1946 年	0	0	0	0
1947 年	1	1	0	2
1948 年	0	1	0	1
1949 年	2	4	0	6
1950 年	5	1	0	6
1951 年	1	3	0	4
1952 年	3	2	0	5
1953 年	0	0	0	0
1954 年	2	1	0	3
1955 年	2	1	0	3

出生年份	航线照	商照	私照	合计
1956年	9	3	0	12
1957年	20	9	1	30
1958年	43	10	1	54
1959年	85	18	1	104
1960年	159	44	2	205
1961年	211	42	0	253
1962年	405	63	5	473
1963年	420	59	4	483
1964年	348	52	4	404
1965年	420	58	2	480
1966年	432	65	7	504
1967年	364	40	5	409
1968年	314	45	8	367
1969年	301	34	7	342
1970年	380	45	8	433
1971年	510	50	15	575
1972年	488	58	15	561
1973年	551	63	14	628
1974年	589	59	7	655
1975年	598	65	11	674
1976年	589	53	5	647
1977年	618	65	15	698
1978年	737	71	10	818
1979年	672	77	22	771
1980年	717	123	26	866
1981年	949	163	23	1135
1982年	1329	242	28	1599
1983年	1451	293	22	1766
1984年	1615	395	20	2030
1985年	1621	539	24	2184
1986年	1726	773	25	2524
1987年	1744	1165	21	2930
1988年	1557	1570	30	3157

续表

出生年份	航线照	商照	私照	合计
1989年	1322	2198	34	3554
1990年	915	2640	43	3598
1991年	550	2787	51	3388
1992年	295	3575	93	3963
1993年	122	4006	144	4272
1994年	28	4325	263	4616
1995年	6	4242	352	4600
1996年	0	3878	379	4257
1997年	0	3093	378	3471
1998年	0	2730	536	3266
1999年	0	1402	969	2371
2000年	0	331	867	1198
2001年	0	6	67	73
2002年	0	1	10	11
2003年	0	0	8	8
2004年	0	0	1	1

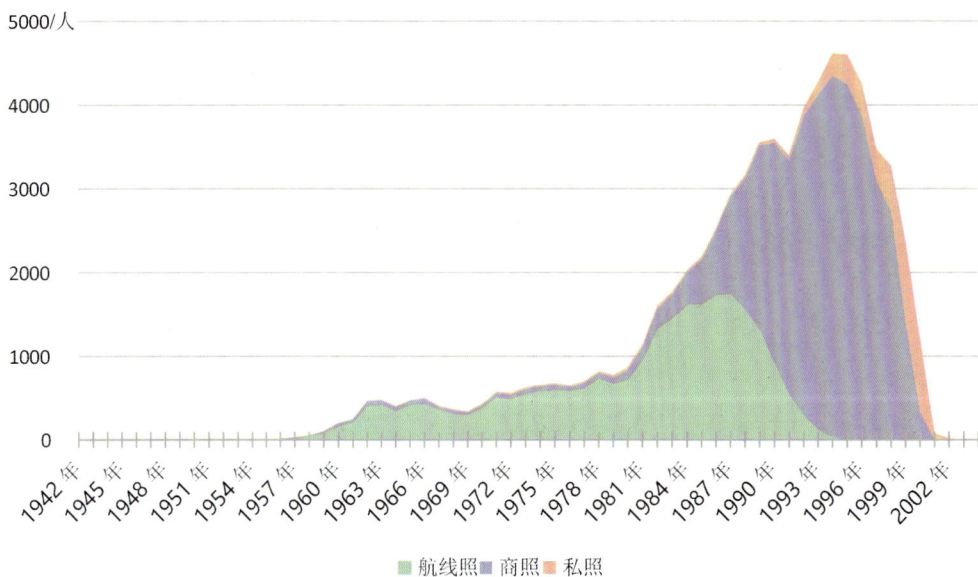

图 1-9 ┃ 驾驶员年龄结构分布

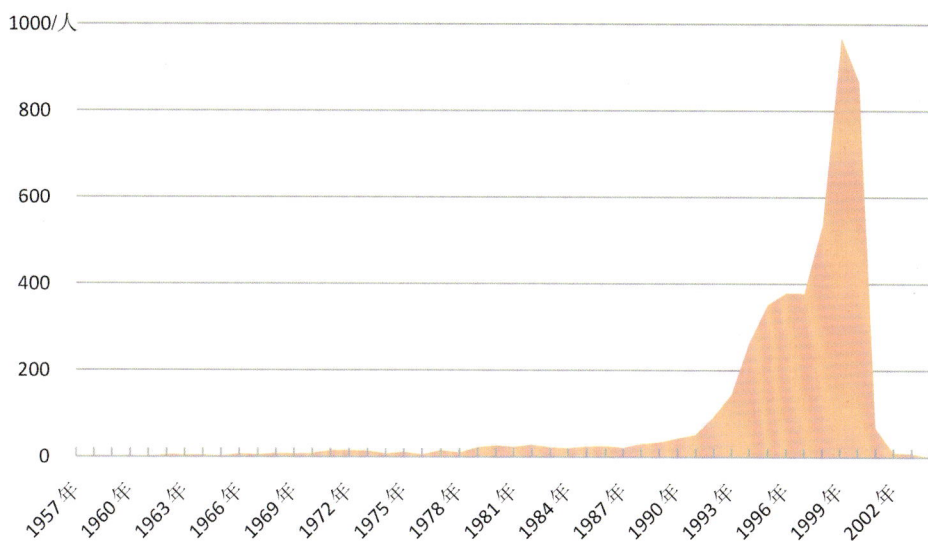

图 1-10 ｜ 中国民航持有私照驾驶员年龄结构分布

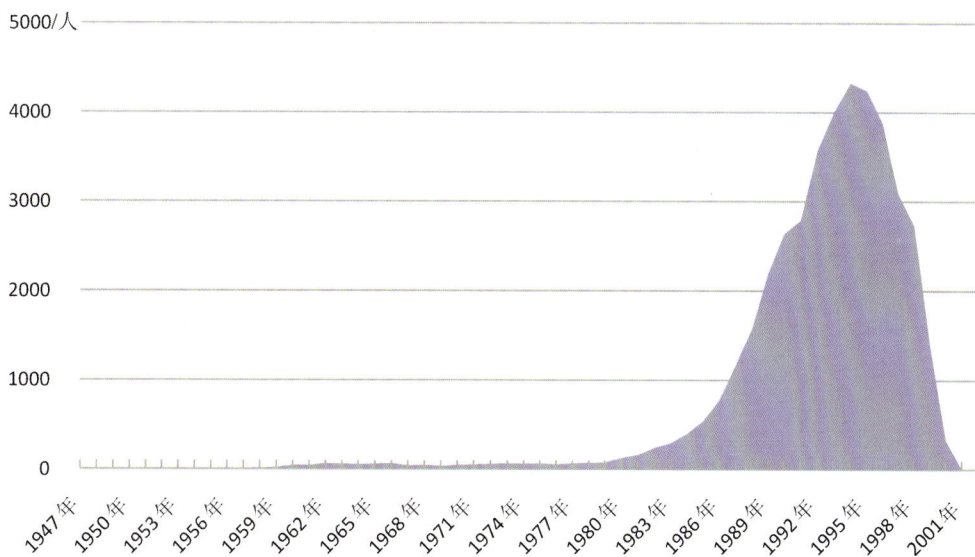

图 1-11 ｜ 中国民航持有商照驾驶员年龄结构分布

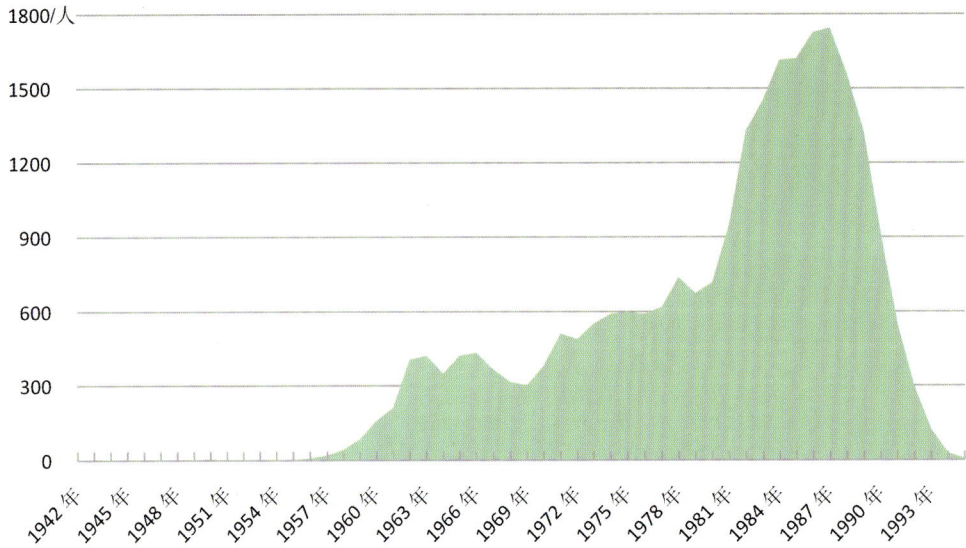

图 1-12 ｜ 中国民航持有航线照驾驶员年龄结构分布

四、驾驶员性别比例

2017—2021年我国女性驾驶员数量统计如表1-8所示，其发展趋势如图1-13所示。

表 1-8　2017—2021年我国女性驾驶员数量统计　　　　　　　　单位：人

年份	航线照	商照	私照	合计
2017年	76	535	102	713
2018年	81	588	115	784
2019年	104	640	90	834
2020年	111	679	94	884
2021年	120	701	103	924

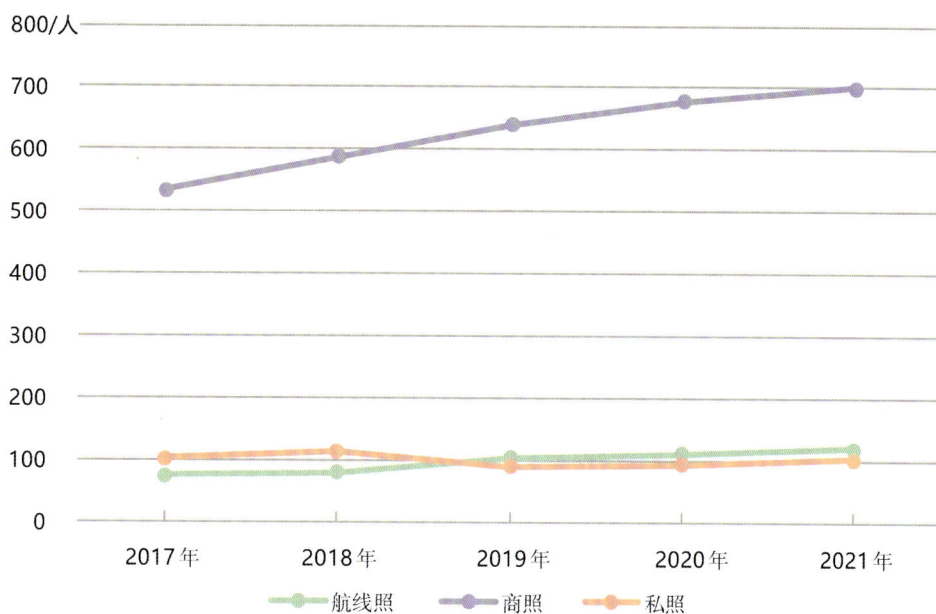

图 1-13 | 我国女性驾驶员发展趋势

各类型执照中,我国女性驾驶员所占比例如表1-9所示。

表1-9　2017—2021年我国女性驾驶员所占比例

执照类型	2017年	2018年	2019年	2020年	2021年
航线照	0.34%	0.33%	0.39%	0.42%	0.44%
商照	1.84%	1.85%	1.81%	1.79%	1.65%
私照	3.05%	3.00%	2.07%	2.34%	2.14%

我国女性驾驶员年龄结构统计如表1-10所示。

表1-10　我国女性驾驶员年龄结构统计　　　　　　　　　　单位:人

出生年份	航线照	商照	私照	合计
1953年	1	0	0	1
1961年	1	0	0	1
1963年	2	0	1	3
1964年	4	0	0	4
1966年	0	1	1	2

出生年份	航线照	商照	私照	合计
1968年	0	1	0	1
1969年	1	0	1	2
1970年	3	0	0	3
1971年	5	1	1	7
1972年	1	2	0	3
1973年	0	1	0	1
1974年	2	0	2	4
1975年	0	0	1	1
1976年	1	0	1	2
1977年	0	1	2	3
1978年	2	5	2	9
1979年	1	1	3	5
1980年	2	2	2	6
1981年	3	8	1	12
1982年	3	8	1	12
1983年	1	15	0	16
1984年	5	16	1	22
1985年	17	22	3	42
1986年	9	29	4	42
1987年	7	46	4	57
1988年	11	51	8	70
1989年	9	59	5	73
1990年	7	73	8	88
1991年	6	55	0	61
1992年	10	68	4	82

续表

出生年份	航线照	商照	私照	合计
1993年	5	51	1	57
1994年	0	55	10	65
1995年	1	41	7	49
1996年	0	27	4	31
1997年	0	31	3	34
1998年	0	23	4	27
1999年	0	8	6	14
2000年	0	0	7	7
2001年	0	0	3	3
2002年	0	0	1	1
2003年	0	0	1	1

我国女性驾驶员籍贯分布统计如表1-11所示。

表1-11　我国女性驾驶员籍贯分布统计　　　　　　　　　　单位:人

省/自治区/直辖市/特别行政区	数量	省/自治区/直辖市/特别行政区	数量
北京市	68	湖南省	22
天津市	28	广东省	21
河北省	60	广西壮族自治区	6
山西省	42	海南省	5
内蒙古自治区	16	重庆市	24
辽宁省	86	四川省	126
吉林省	31	贵州省	13
黑龙江省	65	云南省	18
上海市	19	西藏自治区	6
江苏省	42	陕西省	30
浙江省	23	甘肃省	16

续表

省/自治区/直辖市/特别行政区	数量	省/自治区/直辖市/特别行政区	数量
安徽省	27	青海省	2
福建省	15	宁夏回族自治区	4
江西省	9	新疆维吾尔自治区	28
山东省	70	香港特别行政区	2
河南省	63	台湾省	2
湖北省	55		

五、驾驶员地区分布

根据我国民航的属地管理原则,中国民用航空局将全国分为七个地区管理局,分别是华北、中南、西南、华东、西北、东北和新疆,各地区管理局对辖区内的驾驶员进行管理。

截至2021年,持有中国民用航空局颁发的有效驾驶员执照的港澳台驾驶员共计304人,外籍驾驶员共计3359人。

2020—2021年我国民航驾驶员执照颁发数量按地区分布统计如表1-12所示。

表1-12　2020—2021年我国民航驾驶员执照颁发数量按地区分布统计　　单位:本

	2020年			2021年		
	航线照	商照	私照	航线照	商照	私照
华北局	5266	7159	527	5494	7471	629
中南局	6410	8350	829	6678	9437	1093
西南局	5094	9210	1419	5290	10 487	1695
华东局	7601	9903	409	7780	11 067	485
西北局	496	987	214	621	1421	257
东北局	820	1424	380	845	1627	319
新疆局	484	835	187	490	921	287
体育总局航管中心	1030			1370		

注:鉴于运动类航空器的快速发展,本表单独统计了由体育总局航管中心申请的民航驾驶员执照数量。

六、驾驶员民族和籍贯

我国航空器驾驶员按民族分布统计如表1-13所示。

表1-13　我国航空器驾驶员按民族分布统计　　　　　　　　　　单位：人

民族	数量	民族	数量
汉族	69 555	哈尼族	17
满族	1003	畲族	16
回族	623	黎族	13
蒙古族	376	仡佬族	13
壮族	158	傣族	14
土家族	143	哈萨克族	10
朝鲜族	94	俄罗斯族	10
彝族	115	傈僳族	4
白族	84	景颇族	3
苗族	78	佤族	3
藏族	51	撒拉族	3
锡伯族	41	土族	5
瑶族	38	拉祜族	4
侗族	36	东乡族	3
维吾尔族	18	仫佬族	3
布依族	28	鄂温克族	1
羌族	20	高山族	2
纳西族	20	毛南族	1
达斡尔族	15	赫哲族	2
阿昌族	7	布朗族	1
水族	3	独龙族	1
柯尔克孜族	1	普米族	1

注：部分执照持有人未登记民族信息。

我国驾驶员的籍贯分布如表1-14所示。

表1-14　我国驾驶员的籍贯分布　　　　　　　　单位：人

省/自治区/直辖市/特别行政区	数量	省/自治区/直辖市/特别行政区	数量
北京市	2188	湖南省	2233
天津市	1829	广东省	2577
河北省	3604	广西壮族自治区	771
山西省	2100	海南省	304
内蒙古自治区	1536	重庆市	2360
辽宁省	4563	四川省	7326
吉林省	2748	贵州省	677
黑龙江省	3318	云南省	1776
上海市	2342	西藏自治区	25
江苏省	3518	陕西省	3229
浙江省	1998	甘肃省	1190
安徽省	2453	青海省	129
福建省	1146	宁夏回族自治区	169
江西省	1287	新疆维吾尔自治区	1883
山东省	5397	香港特别行政区	56
河南省	4189	澳门特别行政区	9
湖北省	3707	台湾省	239

七、无人机驾驶员执照

1. 无人机驾驶员执照数量统计

截至2021年12月31日，民用无人机驾驶员执照总数为120 844本。无人机驾驶员主要分布在各民用无人机生产研发企业、相关应用单位以及大专院校等。

无人机驾驶员执照数量统计和分类统计如表1-15、图1-14、图1-15、表1-16所示。

表 1-15　无人机驾驶员执照数量统计　　　　　　　　　　　　　　单位:本

分类	固定翼	直升机	多旋翼	飞艇	垂直起降固定翼	合计
教员	436	386	2540	4	307	3673
超视距驾驶员	2888	1461	30 757	2	3368	38 476
视距内驾驶员	593	516	77 497	0	89	78 695
总计	3917	2363	110 794	6	3764	120 844

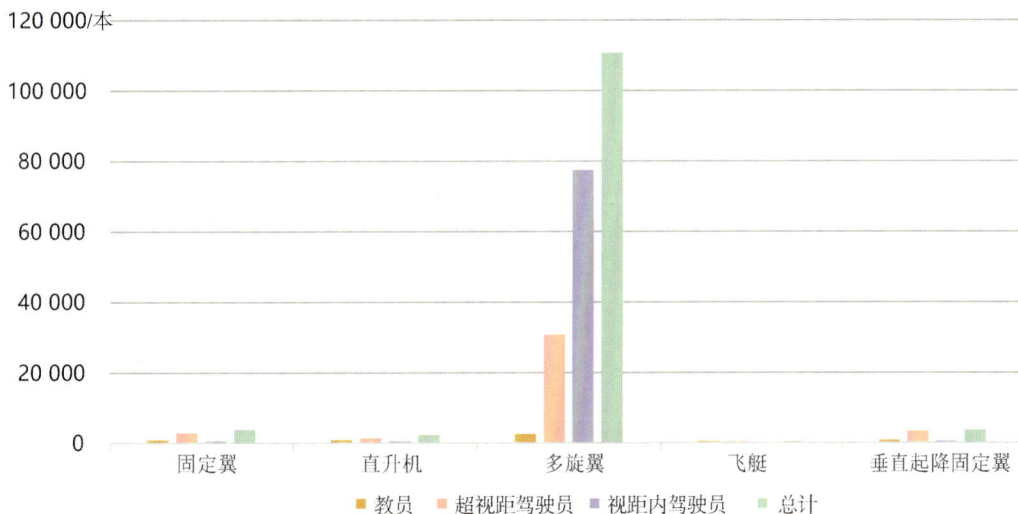

图 1-14 | 无人机驾驶员执照数量统计

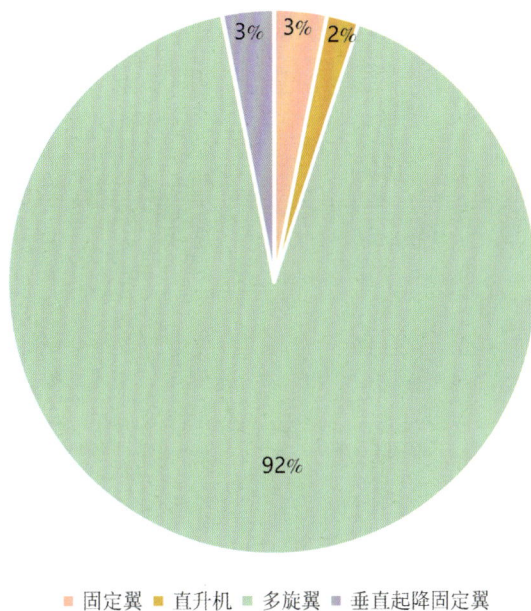

图 1-15 | 无人机驾驶员执照分类统计

表1-16　2017—2021年无人机驾驶员执照数量统计　　　　　　　单位:本

等级＼年份＼数量	2017年	2018年	2019年	2020年	2021年
固定翼	904	1010	393	94	168
直升机	555	281	224	195	239
多旋翼	12 600	18 445	21 336	20 735	30 466
垂直起降固定翼	90	428	692	702	1027
合计	14 149	20 164	22 645	21 726	31 900

2. 无人机驾驶员年龄结构

根据中国民用航空规章CCAR-61的规定:申请运动驾驶员执照需年满16周岁,所以申请无人机驾驶员执照也需年满16周岁。而对于无人机驾驶员的年龄上限,一般情况下没有限制,无人机驾驶员的年龄结构如表1-17、图1-16所示。

表1-17　无人机驾驶员年龄分布统计　　　　　　　单位:人

出生年份	执照及等级数量	出生年份	执照及等级数量
1947年	1	1977年	1166
1948年	1	1978年	1429
1949年	1	1979年	1565
1950年	2	1980年	1606
1951年	2	1981年	2069
1952年	1	1982年	2646
1953年	3	1983年	2579
1954年	4	1984年	2707
1955年	4	1985年	2974
1956年	10	1986年	3914
1957年	16	1987年	4548
1958年	21	1988年	4804
1959年	20	1989年	5428

出生年份	执照及等级数量	出生年份	执照及等级数量
1960年	21	1990年	5596
1961年	31	1991年	5015
1962年	76	1992年	5575
1963年	117	1993年	5935
1964年	118	1994年	6254
1965年	112	1995年	6232
1966年	146	1996年	6114
1967年	149	1997年	5865
1968年	309	1998年	6020
1969年	334	1999年	5763
1970年	467	2000年	6072
1971年	673	2001年	4854
1972年	541	2002年	3312
1973年	784	2003年	2181
1974年	886	2004年	1379
1975年	991	2005年	244
1976年	1156	2006年	1

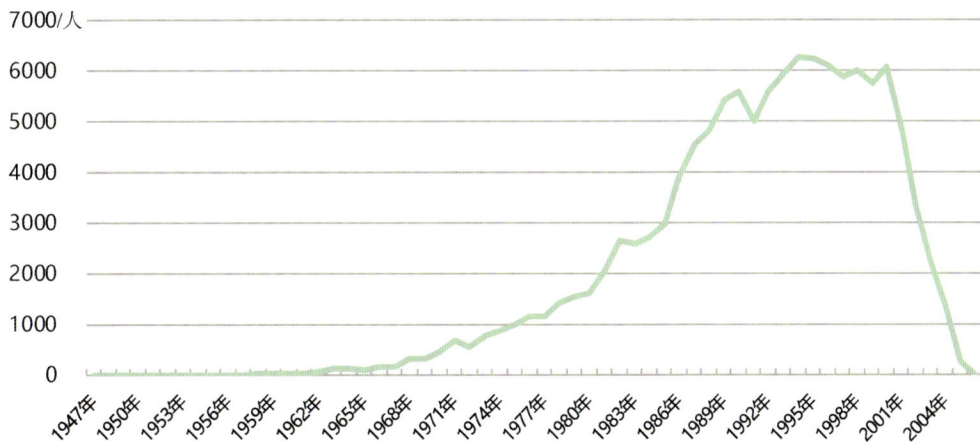

图 1-16 ｜ 无人机驾驶员年龄结构

3.无人机驾驶员地区分布

按地区划分的无人机驾驶员执照颁发数量统计如表1-18、图1-17所示。

表1-18　无人机驾驶员执照颁发数量按地区分布统计　　　　　　　　单位：人

地区管理局	驾驶员数量
华北地区	18 258
中南地区	33 099
华东地区	31 477
西南地区	16 335
东北地区	10 331
西北地区	8898
新疆地区	2435

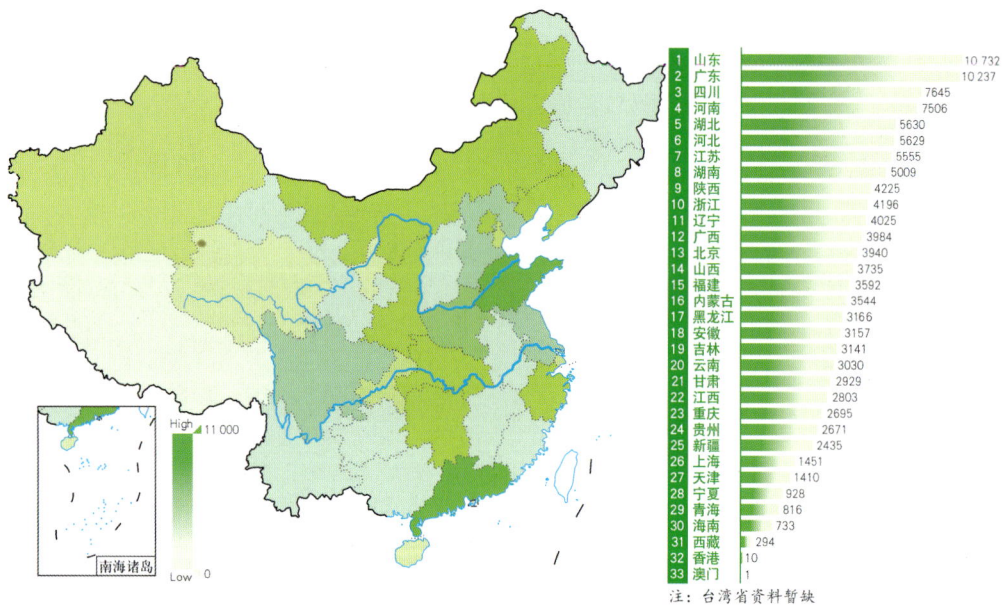

1	山东	10 732
2	广东	10 237
3	四川	7645
4	河南	7506
5	湖北	5630
6	河北	5629
7	江苏	5555
8	湖南	5009
9	陕西	4225
10	浙江	4196
11	辽宁	4025
12	广西	3984
13	北京	3940
14	山西	3735
15	福建	3592
16	内蒙古	3544
17	黑龙江	3166
18	安徽	3157
19	吉林	3141
20	云南	3030
21	甘肃	2929
22	江西	2803
23	重庆	2695
24	贵州	2671
25	新疆	2435
26	上海	1451
27	天津	1410
28	宁夏	928
29	青海	816
30	海南	733
31	西藏	294
32	香港	10
33	澳门	1

注：台湾省资料暂缺

图1-17　｜　无人机驾驶员执照颁发数量地区分布

第二章
非121部驾驶员数据统计

一、通用航空公司驾驶员

按照CCAR-91和CCAR-135运行的公司,多为实施工农业作业和小型航空器商业运输的飞行,这两类公司总体规模较小且运行模式比较复杂,有的公司既有按照91部运行的种类,也兼营135部运行的种类。本节将两类公司合并进行驾驶员的统计。

截至2021年12月31日,两类公司驾驶员共计3803人(141部飞行学校除外),其中商照3254人,航线照549人。通用航空公司驾驶员年龄结构统计如表2-1、图2-1所示。

表2-1　通用航空公司驾驶员年龄结构统计　　　　　　　　　单位:本

出生年份	执照数量	出生年份	执照数量
1947年	1	1975年	57
1948年	0	1976年	60
1949年	1	1977年	54
1950年	4	1978年	52
1951年	3	1979年	72
1952年	1	1980年	69
1953年	0	1981年	73
1954年	3	1982年	89
1955年	1	1983年	102
1956年	5	1984年	109
1957年	15	1985年	137
1958年	11	1986年	156
1959年	16	1987年	202
1960年	32	1988年	214
1961年	35	1989年	283

续表

出生年份	执照数量	出生年份	执照数量
1962年	44	1990年	269
1963年	38	1991年	214
1964年	35	1992年	211
1965年	36	1993年	204
1966年	52	1994年	144
1967年	38	1995年	117
1968年	28	1996年	74
1969年	16	1997年	73
1970年	31	1998年	60
1971年	44	1999年	35
1972年	57	2000年	20
1973年	54	2001年	0
1974年	51	2002年	1

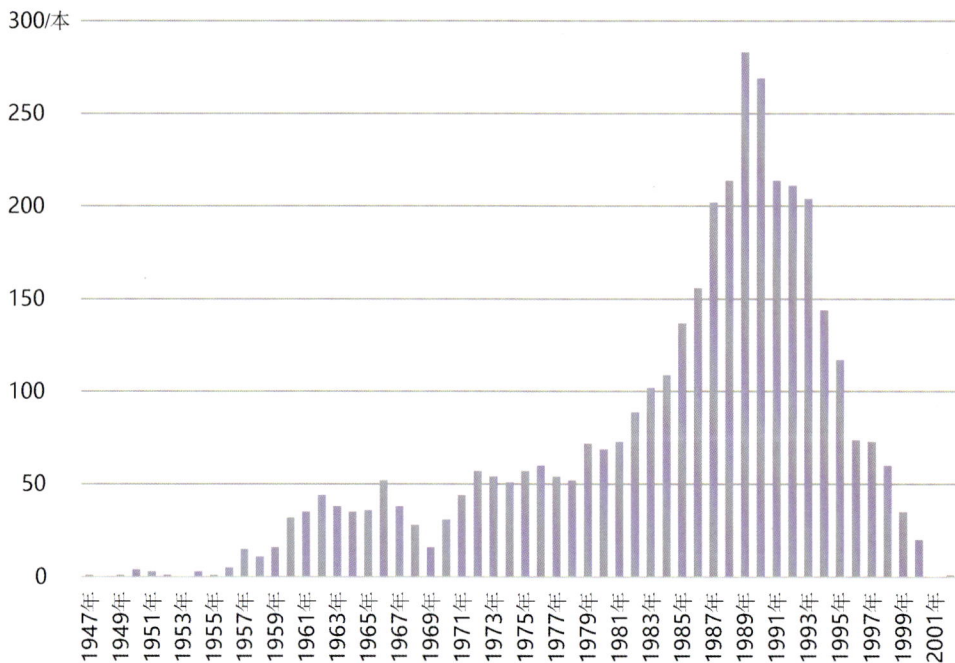

图2-1 | 通用航空公司驾驶员年龄结构

二、91部和135部以外驾驶员

我国驾驶员执照持有人,大部分在按照CCAR-121运行的运输航空公司、通用航空公司或飞行院校从事飞行运行或教学工作。

我国的驾驶员航校主要分为按照CCAR-141进行训练的飞行学校和按照CCAR-61进行训练的培训机构,2021年接受飞行训练的学员共7629人(含2021年毕业学生和停训学员),从事飞行教学的教员共1419人。

目前,政府应用方面仅包括中国民用航空飞行校验中心和救助打捞局。事业单位包括中国民用航空飞行学院和航空工业试飞中心。

中国民用航空飞行校验中心是中国唯一的民用航空飞行校验机构,是中国民用航空局直属事业单位。其主要职责是:协助中国民用航空局主管部门草拟民航飞行校验规章和发展规划;负责国内民用和军民合用机场以及航路通信导航、监视、目视助航设备和飞行程序的飞行校验;按照协议承担国际(地区)飞行校验任务;承办中国民用航空局交办的其他事项。

救助打捞局隶属于交通运输部,是唯一一支国家海上专业救助打捞力量,承担着对中国水域发生的海上突发事件的应急反应、人命救生、船舶和财产救助、沉船沉物打捞、海上消防、清除溢油污染及其他为海上运输和海上资源开发提供安全保障等公益职责,简单概括起来就是"三救一捞"(即人命救助、环境救助、财产救助、应急抢险打捞),同时还代表中国政府履行有关国际公约和海运双边多边协定的义务。

中国民用航空飞行学院创建于1956年,是中国民用航空局直属的全日制普通高等学校,是中国民用航空局与四川省共建的高校。飞行学院作为中国民航培养高素质人才的主力高校,经过60多年的建设与发展,已成为全球民航职业飞行员培养规模最大、能力最强、水平最高,享誉国内、在世界民航领域有着较高影响力的高等学府。在飞行学院从事飞行教学的带有教员等级的执照持有人共计497人。

航空工业试飞中心,简称试飞院,坐落于西安市阎良区,创建于1959年,是我国唯一经国家授权的军民用飞机、航空发动机、机载设备等航空产品国家级鉴定试飞机构,是国家级的飞行试验技术研究机构,同时也是国家"飞机适航认可实验室"。在该研究院也有部分驾驶员从事飞行训练以及试飞任务,这些人员数量为3人。

这些机构的驾驶员数量如表2-2所示。

表2-2 政府事务及事业单位驾驶员数量统计 单位:人

机构名称	驾驶员数量
中国民用航空飞行校验中心	49
救助打捞局	64
中国民用航空飞行学院	497
航空工业试飞中心	3

三、直升机职业驾驶员

直升机作为通用航空主力机型得到许多航空公司的重视,对于直升机驾驶员的培养也成为部分通用航空公司的重要经营内容。CCAR-61也取消了3180千克以下直升机的型别等级要求,大大方便了通用航空直升机的运行。

截至2021年12月31日,持有签注直升机等级的有效商用和航线运输驾驶员执照的人员达到2791人,其中中国籍2774人,中国籍直升机职业驾驶员的年龄结构如表2-3、图2-2所示。

表2-3　中国籍直升机职业驾驶员年龄结构统计　　　　　　　　　　　　单位:人

出生年份	执照数量	出生年份	执照数量
1948年	1	1975年	32
1949年	1	1976年	31
1950年	2	1977年	25
1951年	2	1978年	19
1952年	0	1979年	36
1953年	0	1980年	49
1954年	0	1981年	57
1955年	0	1982年	57
1956年	5	1983年	65
1957年	6	1984年	81
1958年	4	1985年	104
1959年	8	1986年	122
1960年	18	1987年	142
1961年	22	1988年	172
1962年	20	1989年	217
1963年	17	1990年	215
1964年	12	1991年	193

续表

出生年份	执照数量	出生年份	执照数量
1965年	10	1992年	186
1966年	19	1993年	172
1967年	18	1994年	127
1968年	17	1995年	110
1969年	9	1996年	60
1970年	16	1997年	70
1971年	22	1998年	63
1972年	19	1999年	38
1973年	32	2000年	22
1974年	29		

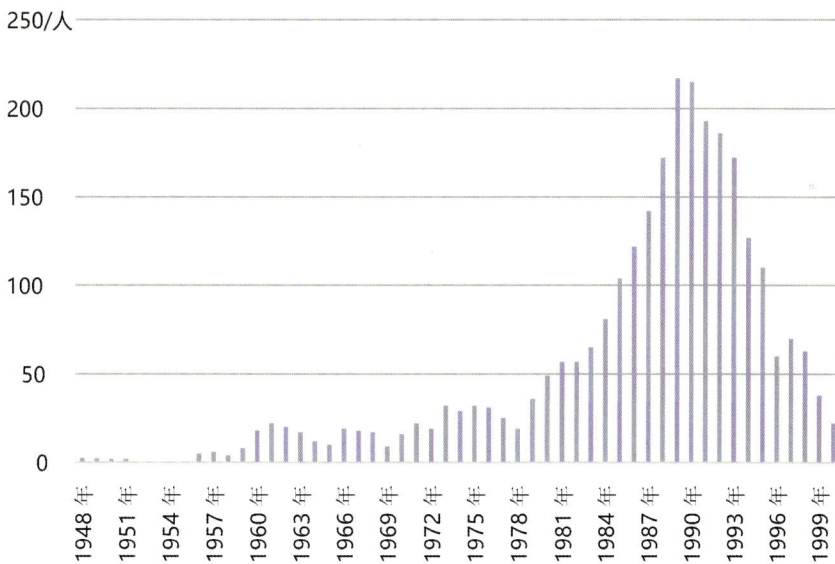

图2-2 | 中国籍直升机职业驾驶员年龄结构

四、仪表等级

在驾驶员执照上签注仪表等级,则表示该驾驶员能够在仪表飞行规则(IFR)条件下或在低于目视飞行规则(VFR)规定的最低标准的气象条件下担任航空器的机长。申请仪表等级的驾驶员必须至少持有私用驾驶员执照,完成地面训练、飞行训练,满足相应的经历要求,并通过局方要求的理论考试和实践考试。

截至2021年12月31日,在非121部运输航空公司中,持有仪表等级的中国籍驾驶员9851人,其中仪表–飞机等级9253人,仪表–直升机等级614人,部分驾驶员同时持有仪表–飞机等级和仪表–直升机等级。仪表等级持有人年龄分布和年龄结构分别如表2-4、图2-3所示。航线运输驾驶员执照持有人可行使仪表等级权利。

表2-4　仪表等级持有人年龄分布　　　　　　　　　　单位:人

出生年份	执照数量	出生年份	执照数量
1942年	2	1972年	34
1943年	0	1973年	38
1944年	0	1974年	26
1945年	0	1975年	36
1946年	0	1976年	27
1947年	2	1977年	27
1948年	1	1978年	31
1949年	5	1979年	39
1950年	3	1980年	39
1951年	3	1981年	55
1952年	2	1982年	63
1953年	0	1983年	86
1954年	1	1984年	109
1955年	0	1985年	120
1956年	2	1986年	154
1957年	4	1987年	220
1958年	7	1988年	253
1959年	12	1989年	332
1960年	21	1990年	358
1961年	17	1991年	344

续表

出生年份	执照数量	出生年份	执照数量
1962年	29	1992年	415
1963年	34	1993年	472
1964年	31	1994年	635
1965年	39	1995年	619
1966年	32	1996年	611
1967年	30	1997年	800
1968年	22	1998年	1320
1969年	29	1999年	1428
1970年	32	2000年	736
1971年	37	2001年	27

注：本表未统计即将进入121部运输航空公司的人员。

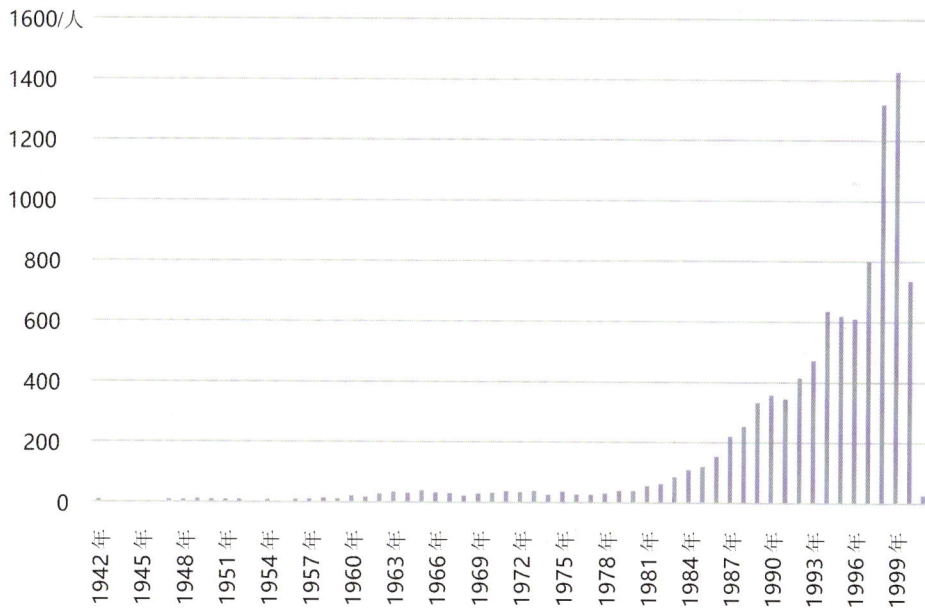

图2-3 ▎仪表等级持有人年龄结构

五、待飞行就业驾驶员

本节主要是统计1970年以后出生,在航校非整体课程训练取得商照超过一年或整体课程训练取得商照超过两年,仍没有固定工作单位的人员。

此类待飞行就业驾驶员的年龄结构如表2-5、图2-4所示。

表2-5 待飞行就业驾驶员年龄结构   单位:人

出生年份	飞行员数量	出生年份	飞行员数量
1970年	1	1985年	17
1971年	2	1986年	36
1972年	5	1987年	35
1973年	2	1988年	40
1974年	6	1989年	43
1975年	1	1990年	45
1976年	2	1991年	60
1977年	3	1992年	52
1978年	5	1993年	61
1979年	3	1994年	35
1980年	8	1995年	36
1981年	10	1996年	27
1982年	11	1997年	9
1983年	14	1998年	4
1984年	24	1999年	2

70/人

60

50

40

30

20

10

0

1970年 1972年 1974年 1976年 1978年 1980年 1982年 1984年 1986年 1988年 1990年 1992年 1994年 1996年 1998年

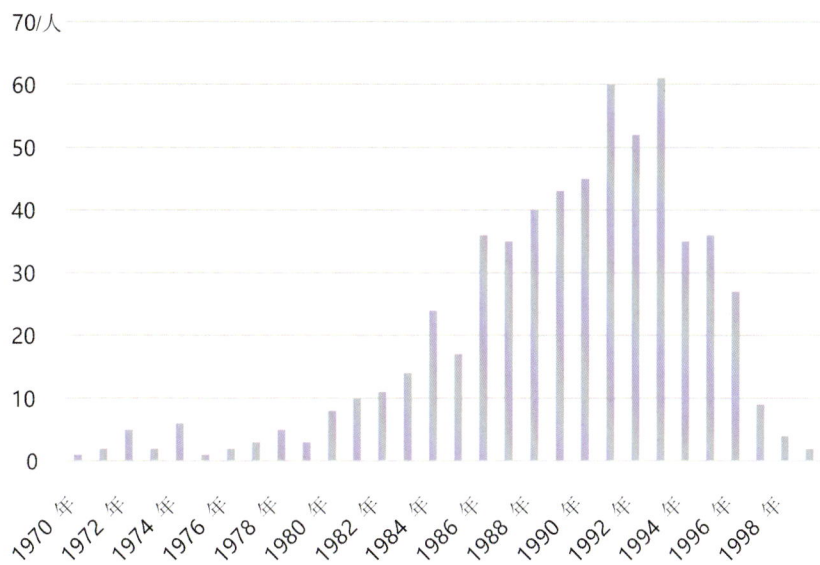

图2-4 ▏待飞行就业驾驶员年龄结构

第三章
按照CCAR-121运行的驾驶员数据统计

本章的运输航空公司是指按照《大型飞机公共航空运输承运人运行合格审定规则》（CCAR-121）运行的航空公司，不包含按照《小型航空器商业运输运营人运行合格审定规则》（CCAR-135）运行的航空公司及通用航空公司。

为了使计算结果更接近实际疲劳情况，本章中机组数量、飞行小时数均采集自每月20日，而非月底数据。

一、运输航空公司整体实力

根据规章要求，驾驶员在公司运行中履行机长或者副驾驶的职责。可用驾驶员的数量决定了航空公司的运行实力，表3-1和图3-1为2021年度每月我国运输航空公司的可用机长和可用副驾驶（即运行实力）数据统计。

表3-1　2021年度每月我国运输航空公司运行实力统计　　　　　　　单位：人

时间	可用机长	可用副驾驶
2021年1月	19 140	24 780
2021年2月	19 282	24 967
2021年3月	19 429	25 209
2021年4月	19 579	25 375
2021年5月	19 619	25 617
2021年6月	19 676	25 712
2021年7月	19 587	25 852
2021年8月	19 354	26 006
2021年9月	19 559	26 292
2021年10月	19 401	26 277
2021年11月	19 441	26 739
2021年12月	19 418	26 806

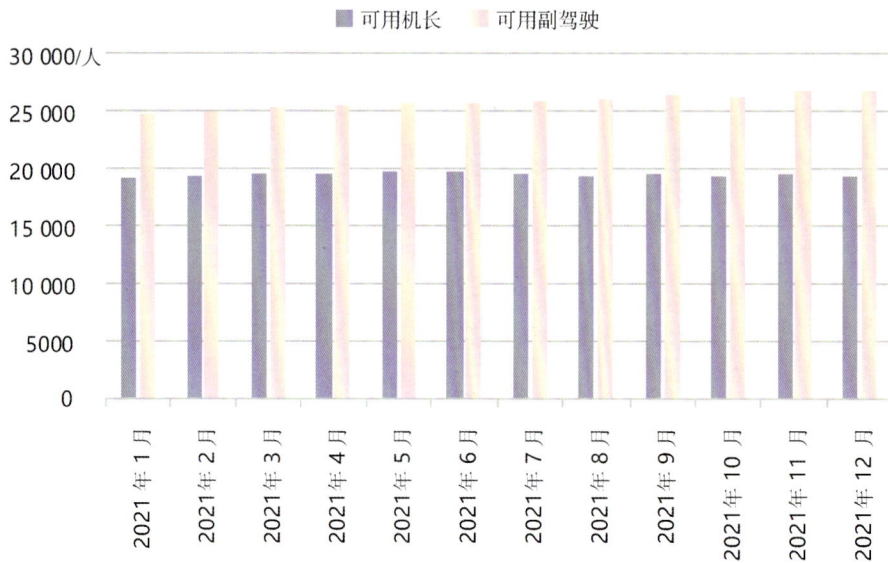

图3-1 ┃ 2021年度每月我国运输航空公司运行实力统计

2017—2021年,我国运输航空公司可用机长数量持续增长,表3-2为2017—2021年各年底可用机长数量,图3-2为2017—2021年各年底可用机长数量增长曲线图。

表3-2　2017—2021年我国运输航空公司可用机长数量统计

年份	2017年	2018年	2019年	2020年	2021年
数量/人	16 120	17 503	19 140	19 033	19 418

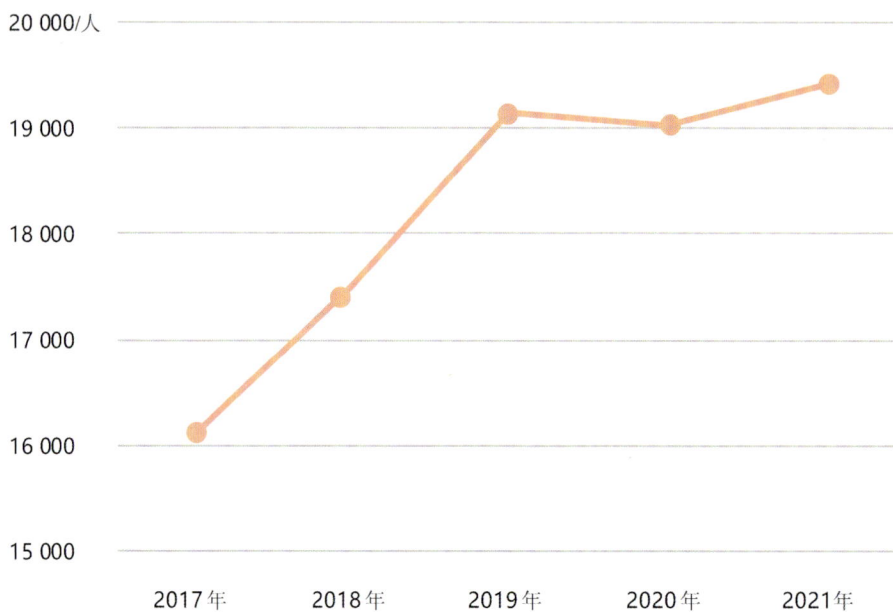

图3-2 ┃ 2017—2021年我国运输航空公司可用机长数量增长曲线

根据民航规章CCAR-121的规定,进入运输航空公司的基本条件是持有商照(飞机类别、多发等级和仪表等级),并根据所在航空公司的经批准的训练大纲,在完成新雇员训练、初始训练(改装训练)后方可担任该型别飞机的副驾驶参加运行,飞行经历积累满足规章要求即可向民航局申请换发航线照,之后通过参加升级训练达到担任机长的运行资质,这需要一段较长的时间。

表3-3为2021年年底各运输航空公司驾驶员的组成情况。

表3-3 2021年年底各运输航空公司驾驶员的组成情况   单位:人

公司	机长	副驾驶	待改装	合计
奥凯航空有限公司	116	202	95	413
北京航空有限责任公司(121)	17	31	1	49
北京首都航空有限公司(121)	369	653	65	1087
长安航空有限责任公司	69	94	9	172
成都航空有限公司	286	509	63	858
春秋航空股份有限公司	547	757	32	1336
大连航空有限责任公司	53	95	1	149
大新华航空有限公司	18	18	0	36
东方航空云南有限公司	364	500	51	915
东海航空有限公司	102	230	92	424
多彩贵州航空有限公司	74	106	13	193
福州航空有限责任公司	68	124	41	233
广西北部湾航空有限责任公司	92	184	39	315
桂林航空有限公司	50	121	41	212
海南航空控股股份有限公司	899	1645	256	2800
杭州圆通货运航空有限公司	51	65	9	125
河北航空有限公司	130	210	5	345
湖南航空股份有限公司	83	115	2	200
华夏航空股份有限公司	161	414	54	629
江西航空有限公司	58	81	8	147
金鹏航空股份有限公司	95	149	5	249

公司	机长	副驾驶	待改装	合计
九元航空有限公司	114	177	33	324
昆明航空有限公司	144	249	5	398
龙江航空有限公司	16	17	9	42
青岛航空股份有限公司	137	268	10	415
瑞丽航空有限公司	101	197	37	335
山东航空股份有限公司	681	1087	16	1784
上海航空有限公司	469	613	86	1168
上海吉祥航空股份有限公司	442	743	41	1226
深圳航空有限责任公司	957	1371	194	2522
顺丰航空有限公司	215	305	77	597
四川航空股份有限公司	863	1528	159	2550
天骄航空有限公司	22	17	16	55
天津航空有限责任公司	323	597	160	1080
天津货运航空有限公司	12	27	1	40
乌鲁木齐航空有限责任公司	71	180	28	279
西北国际货运航空有限公司	13	4	10	27
西部航空有限责任公司	194	398	51	643
西藏航空有限公司	281	340	8	629
厦门航空有限公司	775	1226	74	2075
幸福航空有限责任公司	46	170	30	246
一二三航空有限公司(121)	19	5	13	37
友和道通航空有限公司	0	0	11	11
云南祥鹏航空有限责任公司	232	377	60	669
浙江长龙航空有限公司	284	299	99	682
中国东方航空股份有限公司	2587	2644	381	5612
中国国际航空股份有限公司	2602	3039	172	5813

续表

公司	机长	副驾驶	待改装	合计
中国国际航空内蒙古有限公司	44	85	0	129
中国国际货运航空有限公司	164	227	51	442
中国货运航空有限公司	117	107	23	247
中国联合航空有限公司	234	310	37	581
中国南方航空股份有限公司	3222	3446	514	7182
中国南方航空货运有限公司	11	7	0	18
中国邮政航空有限责任公司	87	150	43	280
中航货运航空有限公司	0	0	0	0
中原龙浩航空有限公司	52	68	53	173
中州航空有限责任公司	26	33	1	60
重庆航空有限责任公司	159	192	7	358

表3-4为在2021年申请航线照的驾驶员从其持有商照到具备申请航线照所需的时间统计。2021年度商照升级周期对比如图3-3所示。2017—2021年各年龄段机长比例对比如图3-4所示。

表3-4　2021年商照升航线照周期

周期	3年及以下	4年	5年	6年	7年	8年	9年	10年及以上
数量/人	2	12	78	165	219	179	152	253

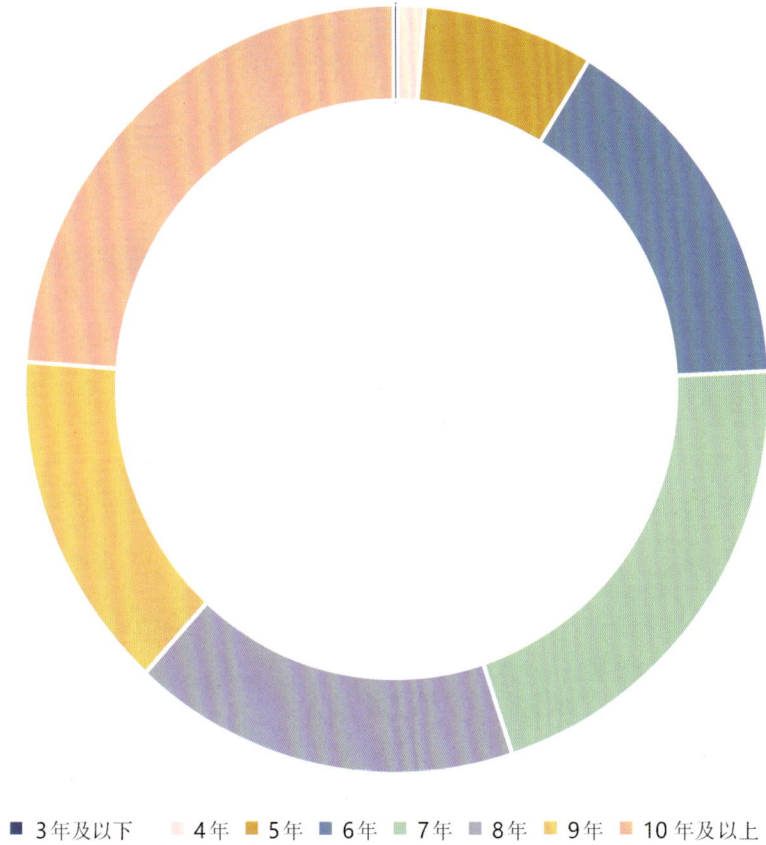

■ 3年及以下　■ 4年　■ 5年　■ 6年　■ 7年　■ 8年　■ 9年　■ 10 年及以上

图3-3 ┃ 2021年度商照升级周期对比

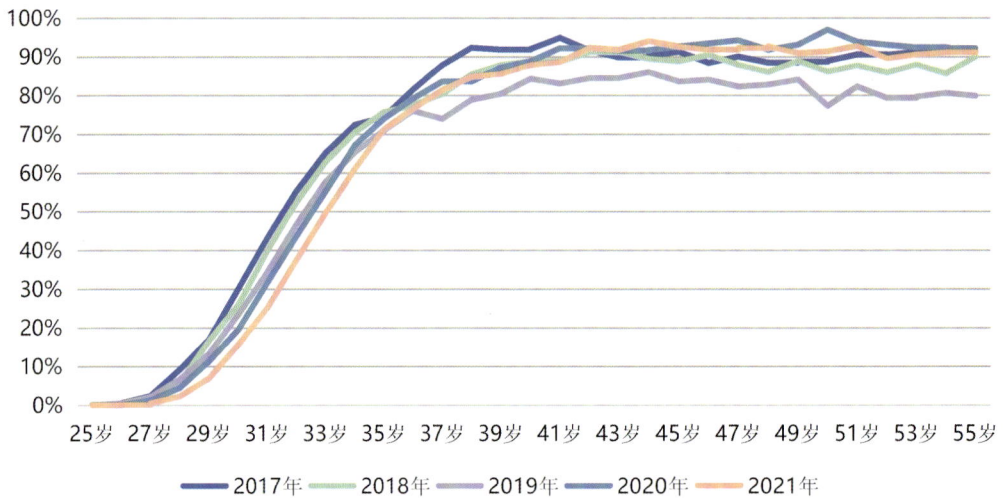

── 2017年　── 2018年　── 2019年　── 2020年　── 2021年

图3-4 ┃ 2017—2021年各年龄段机长比例对比

经对2013—2021年运输航空公司的机长平均年龄进行统计,可以得到如表3-5、图3-5所示的结果。

表3-5　2013—2021年运输航空公司机长平均年龄统计

年份	2013年	2014年	2015年	2016年	2017年	2018年	2019年	2020年	2021年
平均年龄/岁	40.04	40.00	39.85	39.79	39.75	39.90	39.82	39.55	40.08

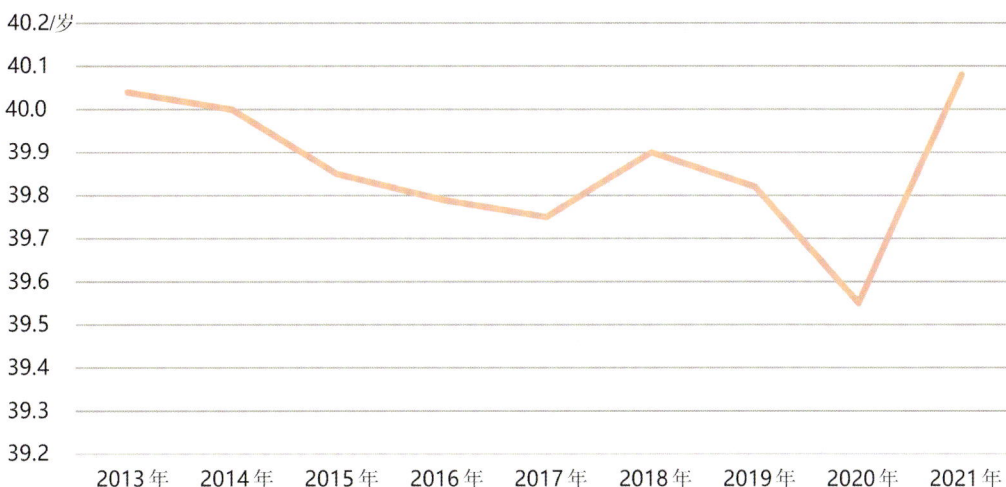
图3-5 ┃ 2013—2021年运输航空公司机长平均年龄趋势

CCAR-61第4次修订中,在修订原规章部分内容的基础上,增加了实施型别等级教学的型别教员的相关要求。

根据CCAR-121.411条的规定,对于实施型别等级训练的飞行教员,应取得按照CCAR-61颁发的型别教员等级;同时,按照咨询通告《型别教员等级》(AC-61-FS-2018-006R4)的要求,实施运行规章所要求的不涉及等级的飞行训练(如本场训练)和协助建立运行经历等,无须持有教员等级。因此,121部运输航空公司从事本场训练的教员将无须继续申请C类教员等级,但为了保持公司教员数量,121部运输航空公司将逐步将C类教员转为B类教员,因此,表3-6中将不再单独统计C类教员,而将B类和C类教员合并进行统计和分析。2017—2021年运输航空公司飞行教员等级统计如表3-6所示,运输航空公司飞行教员年龄结构统计如表3-7、图3-6所示。

表3-6　2017—2021年运输航空公司飞行教员等级统计

年份	2017年	2018年	2019年	2020年	2021年
教员数量/人	5332	5817	6404	6825	6612

注:有部分教员同时持有不同机型的不同类型教员等级,本表仅统计教员等级有效的执照数量,其中2021年仅统计在当年有效的在职飞行教员的执照数量。

表3-7　运输航空公司飞行教员年龄结构统计　　　　　　　　　　单位:人

出生年份	B类教员	C类教员	出生年份	B类教员	C类教员
1958年	19	16	1976年	247	38
1959年	33	19	1977年	256	37
1960年	67	21	1978年	309	34
1961年	73	31	1979年	271	21
1962年	171	70	1980年	269	16
1963年	165	71	1981年	287	11
1964年	149	53	1982年	323	11
1965年	172	42	1983年	294	9
1966年	175	45	1984年	282	9
1967年	103	47	1985年	199	0
1968年	85	34	1986年	169	6
1969年	79	27	1987年	106	5
1970年	115	43	1988年	54	0
1971年	154	55	1989年	37	0
1972年	157	50	1990年	11	1
1973年	209	52	1991年	4	0
1974年	205	55	1992年	1	0
1975年	229	45			

图3-6 ┃ 运输航空公司飞行教员年龄结构统计

　　按照运输航空公司及其分/子公司所在的城市,并结合每个公司或分/子公司的驾驶员数量,可以大致描绘出我国运输航空公司驾驶员的地区分布情况,如图3-7所示。

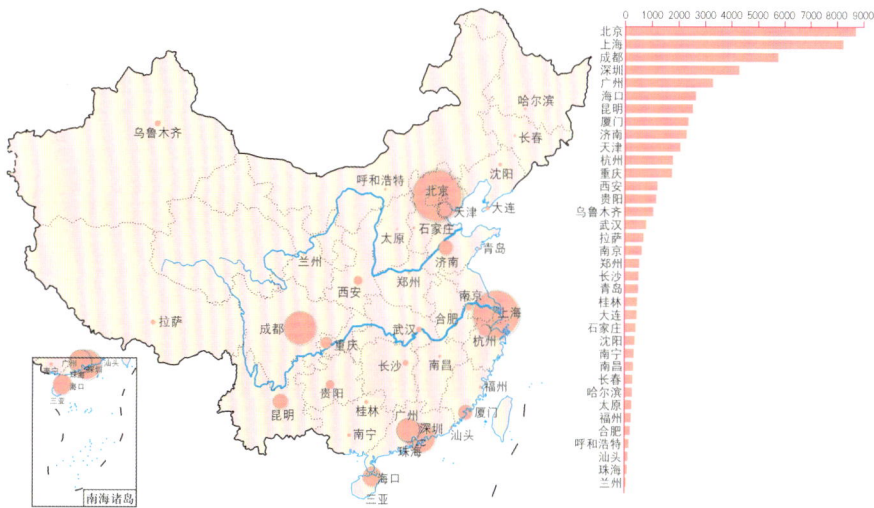

图3-7 ┃ 我国运输航空公司驾驶员地区分布

二、委任代表

委任代表是指民航局委任飞行标准职能部门以外的,在授权范围内代表飞行标准职能部门,从事飞行标准工作的专业技术人员。

在运输航空公司中,飞行检查委任代表有权在飞行标准部门的监督下,根据所授权的专业项目、等级在航空器、模拟机或练习器上,由飞行标准职能部门指派对驾驶员进行实践考试和熟练性检查(定期检查、熟练检查、教员更新检查)。

按照中国民用航空局飞行标准司2016年签发的管理程序《民用航空飞行检查委任代表管理程序》(AP-183-FS-2016-01R4)中的要求,航线运输驾驶员执照考试员数量应控制在总人数的5%以内。

本部分对2021年度运输航空公司的委任代表从事实践考试、熟练检查以及副驾驶升机长考试的相关数据进行统计,具体统计数据如表3-8、图3-8所示。

表3-8　2021年度运输航空公司委任代表检查统计

	检查类型	检查次数/人	通过次数/人	通过率
华北局	实践考试	2212	1915	86.57%
	熟练检查	20 460	20 142	98.45%
	副驾驶升机长考试	450	320	71.11%
中南局	实践考试	2685	2355	87.71%
	熟练检查	23 947	23 673	98.86%
	副驾驶升机长考试	431	276	64.04%
西南局	实践考试	2675	2296	85.83%
	熟练检查	21 383	20 728	96.94%
	副驾驶升机长考试	396	298	75.25%
华东局	实践考试	3296	2799	84.92%
	熟练检查	30 527	29 975	98.19%
	副驾驶升机长考试	586	397	67.75%
西北局	实践考试	210	166	79.05%
	熟练检查	2443	2433	99.59%
	副驾驶升机长考试	40	18	45.00%

续表

	检查类型	检查次数/人	通过次数/人	通过率
东北局	实践考试	312	256	82.05%
	熟练检查	4005	3993	99.70%
	副驾驶升机长考试	79	46	58.23%
新疆局	实践考试	108	93	86.11%
	熟练检查	1249	1239	99.20%
	副驾驶升机长考试	16	9	56.25%
合计	实践考试	11 498	9880	85.93%
	熟练检查	104 014	102 183	98.24%
	副驾驶升机长考试	1998	1364	68.27%

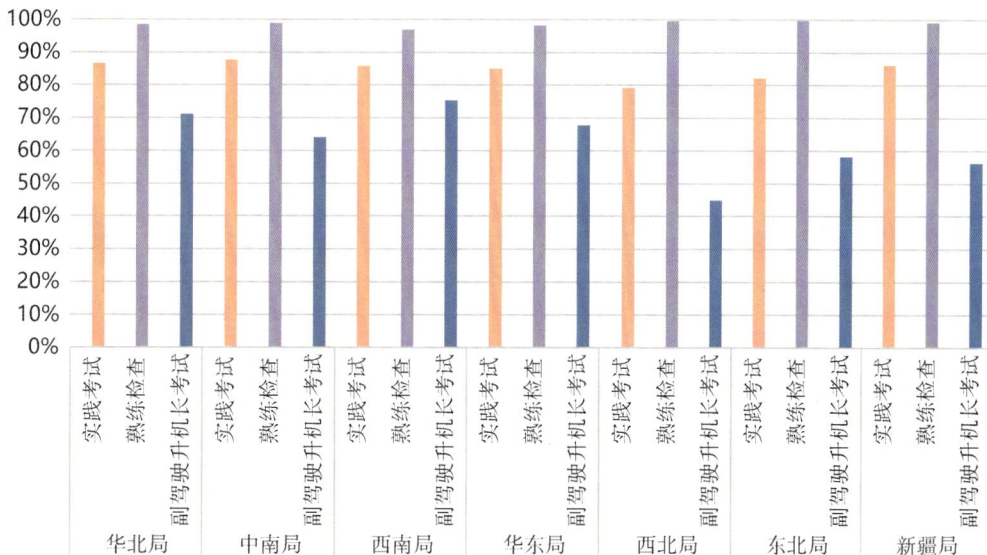

图3-8 ┃ 2021年度运输航空公司委任代表检查通过率对比

  委任代表作为代表局方承担熟练检查、实践考试的人员,肩负了重要的责任,对于飞行安全的保障具有非常重要的意义,中国民用航空局飞行标准司近年来对委任代表的资质和能力进行了持续的评估工作,对不能达到局方标准和要求的委任代表进行了淘汰,表3-9为2018—2021年委任代表淘汰率,其分布如图3-9所示。

表3-9 2018—2021年委任代表淘汰率

年份	2018年	2019年	2020年	2021年
委任代表淘汰率	6.20%	3.14%	2.66%	2.85%

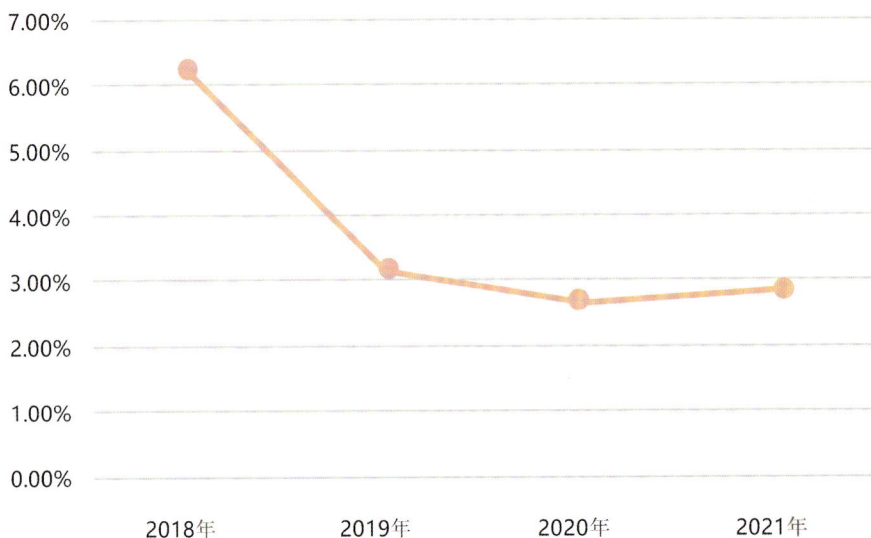

图3-9 | 2018—2021年委任代表淘汰率分布

三、驾驶员年龄结构

本节对我国运输航空公司的机长和副驾驶按照年龄结构进行统计。根据2021年12月31日的数据,人员状态为正常(即可参与航班生产运行)的机长和副驾驶的年龄结构如表3-10所示。

表3-10 运输航空公司驾驶员年龄结构统计   单位:人

出生年份	机长	副驾驶	出生年份	机长	副驾驶
1957年	0	0	1979年	578	42
1958年	35	0	1980年	768	73
1959年	44	2	1981年	1116	102
1960年	67	4	1982年	1246	186
1961年	286	3	1983年	1367	219
1962年	297	31	1984年	1375	309

续表

出生年份	机长	副驾驶	出生年份	机长	副驾驶
1963年	259	24	1985年	1489	416
1964年	304	25	1986年	1481	596
1965年	311	28	1987年	1288	932
1966年	247	28	1988年	1087	1296
1967年	222	22	1989年	737	1807
1968年	189	20	1990年	428	2187
1969年	284	18	1991年	220	2265
1970年	360	21	1992年	75	2862
1971年	350	32	1993年	18	3116
1972年	430	34	1994年	4	3149
1973年	452	34	1995年	0	2913
1974年	472	38	1996年	0	2389
1975年	465	41	1997年	0	1386
1976年	490	33	1998年	0	594
1977年	585	30	1999年	0	36
1978年	540	49	2000年	0	2

由于我国民航驾驶员主要为运输航空公司驾驶员,且国内民航运行以运输航空为主,因此在驾驶员学校进行培训的飞行学生主要就职方向为运输航空公司。在航校进行训练的飞行学生将在未来两三年进入运输航空公司参加改装并成为副驾驶参与运行。图3-10将在航校参与141部整体训练课程的飞行学生加入统计,可以从图中看到未来运输航空公司驾驶员的发展趋势。

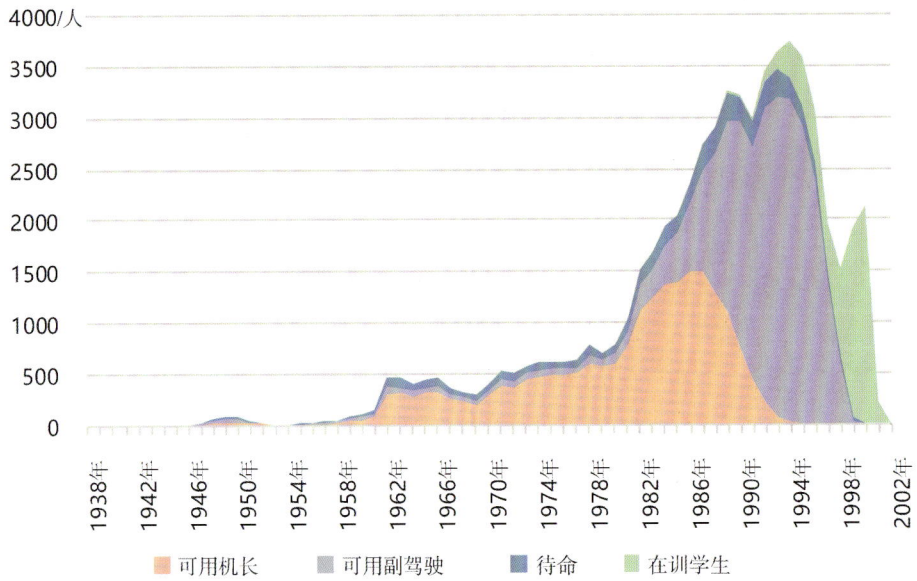

图 3-10 ｜ 运输航空公司驾驶员的发展趋势

四、疲劳系数

根据航空公司每个月的总飞行小时以及当月可用机组数,可以计算出公司机组的疲劳系数。如果涉及远程航线、高原航线等需要增加机组人数时,疲劳情况会更加严重;货运公司通常以夜航为主,容易突破人的生理极限,造成驾驶员疲劳。本节仅就航空公司的一般运行情况,对驾驶员的疲劳情况进行了统计分析。运输航空公司2021年飞行小时数对比如图3-11所示。2021年度运输航空公司机组疲劳系数统计如表3-11所示。运输航空公司机组疲劳系数趋势如图3-12所示。

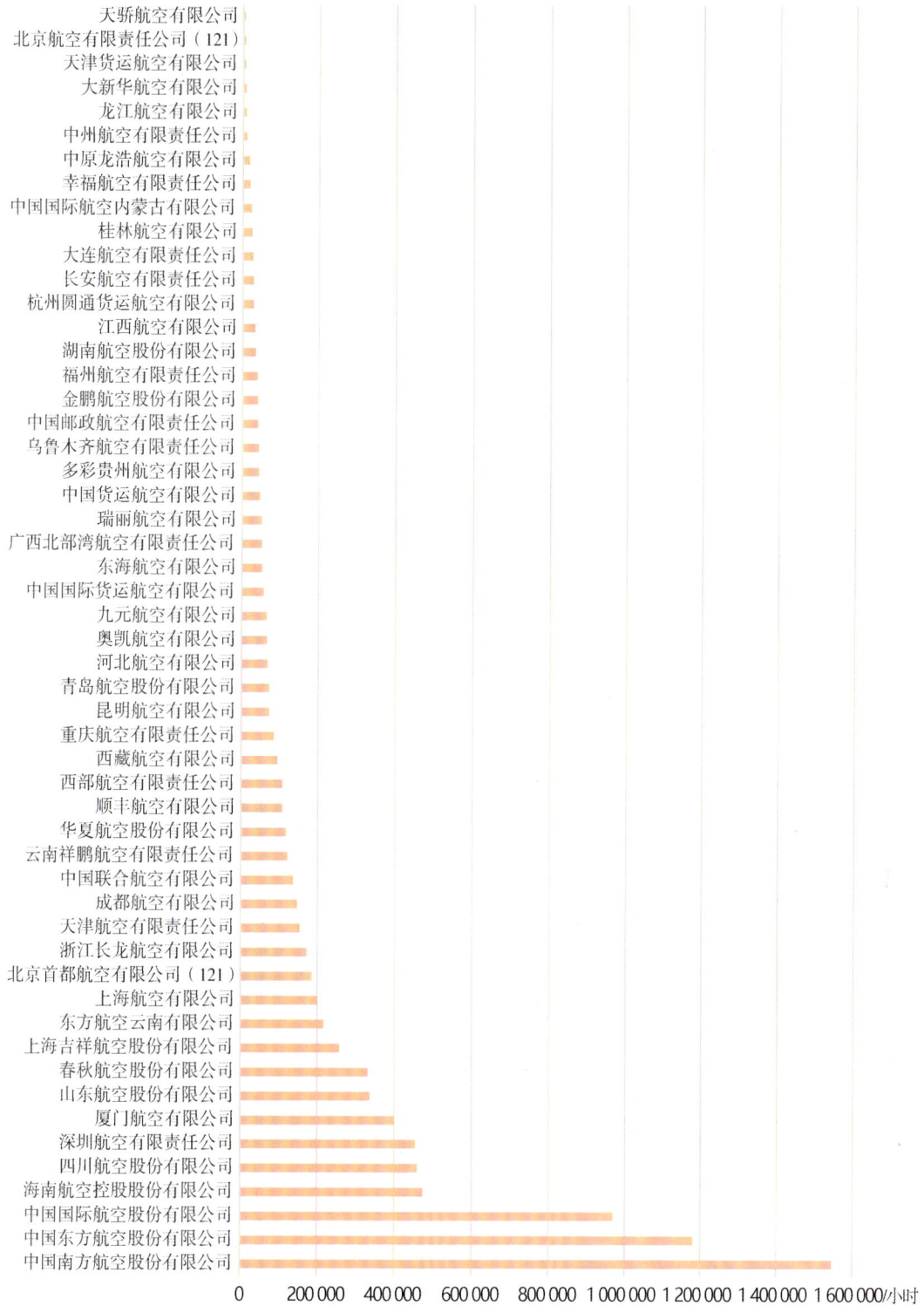

图3-11 | 运输航空公司2021年飞行小时数对比

表3-11　2021年度运输航空公司机组疲劳系数统计

公司	1月	2月	3月	4月	5月	6月	7月	8月	9月	10月	11月	12月
奥凯航空有限公司	0.82	0.60	0.94	0.96	0.93	0.78	0.92	0.87	0.97	0.71	0.41	0.68
北京航空有限责任公司(121)	0.40	0.42	0.50	0.53	0.74	0.61	0.59	0.04	0.23	0.27	0.08	0.14
北京首都航空有限公司(121)	0.71	0.54	0.80	0.84	0.81	0.65	0.75	0.49	0.67	0.64	0.44	0.59
长安航空有限责任公司	0.67	0.55	0.82	0.89	0.75	0.72	0.73	0.37	0.42	0.36	0.24	0.23
成都航空有限公司	0.75	0.54	0.81	0.80	0.84	0.83	0.85	0.51	0.75	0.71	0.32	0.51
春秋航空股份有限公司	0.74	0.66	0.87	0.91	0.91	0.80	0.86	0.68	0.80	0.81	0.60	0.67
大连航空有限责任公司	0.31	0.44	0.87	0.84	0.90	0.83	0.86	0.30	0.72	0.45	0.16	0.38
大新华航空有限公司	0.52	0.32	0.57	0.77	0.73	0.53	0.64	0.41	0.60	0.42	0.08	0.38
东方航空云南有限公司	0.73	0.50	1.00	0.97	0.93	0.80	0.94	0.54	0.67	0.77	0.55	0.64
东海航空有限公司	0.83	0.74	0.91	0.53	0.55	0.47	0.73	0.53	0.75	0.78	0.53	0.67
多彩贵州航空有限公司	0.77	0.57	0.83	0.86	0.83	0.90	0.92	0.87	0.98	0.81	0.63	0.88
福州航空有限责任公司	0.81	0.57	0.96	0.94	0.91	0.83	1.01	0.63	0.63	0.56	0.59	0.60
广西北部湾航空有限责任公司	0.75	0.70	0.83	0.89	0.81	0.59	0.81	0.60	0.66	0.66	0.51	0.58
桂林航空有限公司	0.51	0.42	0.88	0.86	0.78	0.69	0.78	0.22	0.57	0.62	0.27	0.40
海南航空控股股份有限公司	0.82	0.54	0.82	0.88	0.84	0.64	0.78	0.49	0.69	0.64	0.46	0.60
杭州圆通货运航空有限公司	0.77	0.38	0.66	0.73	0.64	0.64	0.67	0.79	0.89	0.84	0.97	0.89
河北航空有限公司	0.23	0.36	0.56	0.95	0.94	0.78	0.93	0.58	0.81	0.78	0.29	0.62
湖南航空股份有限公司	0.55	0.41	0.68	0.73	0.84	0.68	0.76	0.26	0.55	0.63	0.37	0.38
华夏航空股份有限公司	0.91	0.63	0.68	0.72	0.93	0.90	0.82	0.77	0.66	0.59	0.46	0.64
江西航空有限公司	0.55	0.54	0.78	0.92	0.90	0.83	1.01	0.49	0.84	0.75	0.33	0.50
金鹏航空股份有限公司	0.75	0.60	0.84	0.73	0.71	0.56	0.54	0.54	0.55	0.54	0.54	0.51
九元航空有限公司	0.81	0.63	0.85	0.82	0.80	0.61	0.80	0.63	0.78	0.73	0.46	0.75
昆明航空有限公司	0.70	0.58	0.97	0.79	0.91	0.77	0.88	0.49	0.67	0.60	0.39	0.46
龙江航空有限公司	0.68	0.31	0.85	0.77	0.52	0.23	0.28	0.38	0.43	0.45	0.52	0.59
青岛航空股份有限公司	0.73	0.45	0.87	0.87	0.88	0.84	0.91	0.52	0.66	0.50	0.27	0.69
瑞丽航空有限公司	0.61	0.55	0.81	0.73	0.79	0.74	0.79	0.49	0.48	0.62	0.29	0.42
山东航空股份有限公司	0.55	0.40	0.84	0.86	0.87	0.76	0.86	0.46	0.64	0.67	0.37	0.53

公司	1月	2月	3月	4月	5月	6月	7月	8月	9月	10月	11月	12月
上海航空有限公司	0.46	0.34	0.67	0.71	0.71	0.59	0.62	0.33	0.47	0.62	0.47	0.45
上海吉祥航空股份有限公司	0.80	0.59	0.88	0.90	0.88	0.77	0.83	0.48	0.78	0.88	0.71	0.67
深圳航空有限责任公司	0.59	0.43	0.81	0.81	0.75	0.50	0.73	0.45	0.64	0.76	0.41	0.56
顺丰航空有限公司	0.81	0.47	0.69	0.68	0.66	0.80	0.70	0.59	0.62	0.54	0.73	0.74
四川航空股份有限公司	0.66	0.47	0.91	0.89	0.90	0.80	0.86	0.53	0.69	0.74	0.40	0.61
天骄航空有限公司	0.42	0.36	0.39	0.33	0.34	0.33	0.18	0.18	0.19	0.19	0.15	0.19
天津航空有限责任公司	0.73	0.46	0.69	0.68	0.72	0.66	0.74	0.57	0.62	0.54	0.42	0.50
天津货运航空有限公司	0.58	0.30	0.72	0.49	0.63	0.80	0.86	0.90	0.90	0.74	0.82	0.97
乌鲁木齐航空有限责任公司	0.93	0.80	1.09	1.10	1.12	0.95	0.98	0.56	0.85	0.63	0.49	0.78
西北国际货运航空有限公司	—	0.19	0.43	0.37	0.40	0.32	0.36	0.19	0.33	0.55	0.45	0.39
西部航空有限责任公司	0.82	0.70	0.94	0.90	0.88	0.73	0.82	0.42	0.60	0.64	0.50	0.60
西藏航空有限公司	0.48	0.20	0.55	0.55	0.54	0.50	0.58	0.30	0.44	0.45	0.22	0.35
厦门航空有限公司	0.57	0.50	0.89	0.92	0.90	0.79	0.88	0.46	0.56	0.67	0.41	0.52
幸福航空有限责任公司	0.53	0.56	0.64	0.53	0.48	0.50	0.61	0.31	0.52	0.41	0.39	0.39
云南祥鹏航空有限责任公司	0.71	0.51	0.86	0.79	0.85	0.73	0.82	0.63	0.63	0.63	0.48	0.54
浙江长龙航空有限公司	0.97	0.78	1.02	1.01	1.01	0.86	0.95	0.80	0.87	0.81	0.46	0.42
中国东方航空股份有限公司	0.54	0.40	0.72	0.74	0.73	0.66	0.69	0.35	0.54	0.62	0.46	0.51
中国国际航空股份有限公司	0.43	0.34	0.61	0.64	0.61	0.50	0.54	0.34	0.49	0.52	0.33	0.41
中国国际航空内蒙古有限公司	0.78	0.60	0.88	0.94	0.95	0.83	0.89	0.47	0.61	0.70	0.35	0.43
中国国际货运航空有限公司	0.51	0.33	0.43	0.44	0.47	0.45	0.48	0.40	0.40	0.39	0.47	0.48
中国货运航空有限公司	0.70	0.53	0.61	0.62	0.56	0.55	0.54	0.52	0.64	0.50	0.50	0.54
中国联合航空有限公司	0.71	0.58	0.86	0.95	0.89	0.69	0.80	0.72	0.80	0.77	0.51	0.79
中国南方航空股份有限公司	0.53	0.42	0.79	0.79	0.76	0.56	0.73	0.41	0.64	0.66	0.48	0.56
中国邮政航空有限责任公司	0.74	0.36	0.65	0.62	0.62	0.60	0.51	0.35	0.65	0.69	0.74	0.75
中原龙浩航空有限公司	0.74	0.34	0.61	0.68	0.54	0.62	0.61	0.68	0.79	0.79	0.65	0.64
中州航空有限责任公司	0.89	0.36	0.80	0.72	0.66	0.75	0.82	0.77	0.73	0.65	0.68	0.64
重庆航空有限责任公司	0.73	0.60	0.92	0.92	0.87	0.63	0.91	0.48	0.68	0.76	0.33	0.57

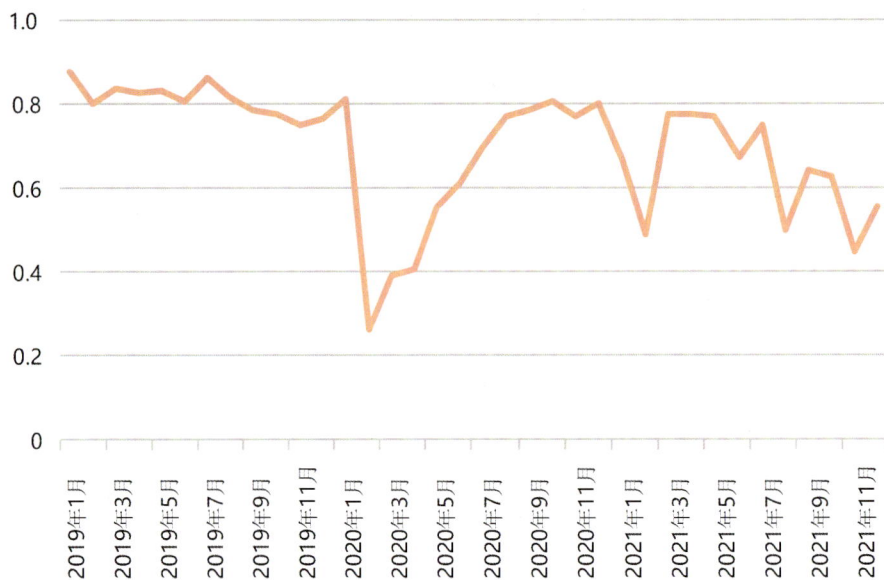

图3-12 | 运输航空公司机组疲劳系数趋势

五、各机型驾驶员执照

我国运输航空公司的飞机构成以欧盟的空中客车和美国的波音系列飞机为主,比较常见的机型有A-320、A-330、B-737等。

表3-12和图3-13仅统计运输航空公司现行运行有效的机型的驾驶员型别等级签注,包括机长和副驾驶。对于在执照上具有某型别等级签注,但已不再运行该型别等级的,不纳入统计。

表3-12 运输航空公司现行运行有效的机型的驾驶员型别等级签注统计　　　　单位:人

机型	机长	副驾驶	小计
A-320	8466	11 161	19 627
B-737	6957	10 525	17 482
A-330	1480	1759	3239
B-777	881	931	1812
B-787	753	840	1593
A-350	397	417	814
ERJ-170/ERJ-190	248	444	692

续表

机型	机长	副驾驶	小计
B-757/767	224	315	539
ARJ-21	191	280	471
B-747-4	159	188	347
CL-65	121	287	408
A-380	37	44	81
MA-60	34	280	314

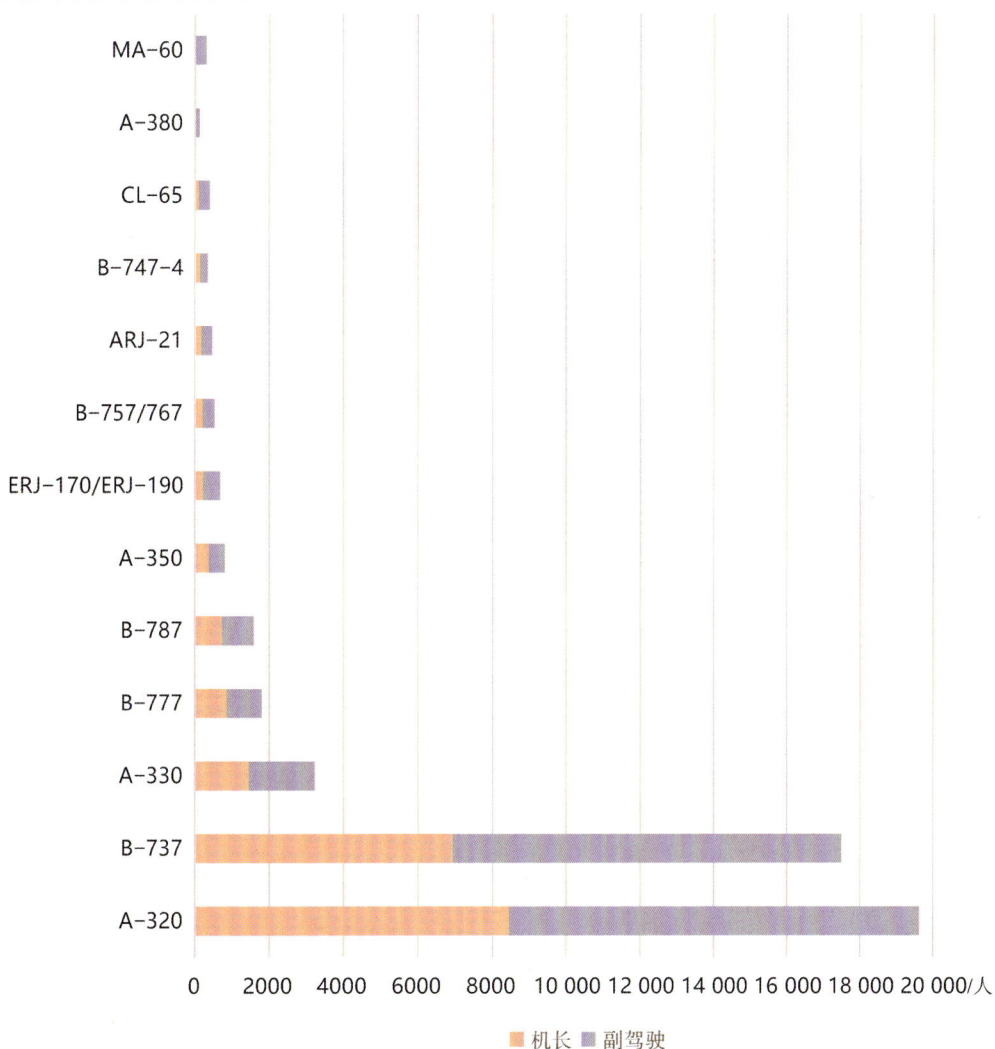

图3-13 ┃ 运输航空公司现行运行有效的机型的驾驶员型别等级签注统计

六、外籍机长

随着中国民航的快速发展,许多外籍驾驶员也进入中国航空公司参与运行。截至2021年12月31日,外籍人员持有的有效的中国驾驶员执照共计3359本,其中航线运输驾驶员执照3316本。

截至2021年年末,在各运输航空公司中实际参与运行的外籍机长的统计如表3-13所示,外籍机长所占比例趋势如图3-14所示。

表3-13　运输航空公司中实际参与运行的外籍机长统计

公司	外籍机长/人	机长总数/人	所占比例
友和道通航空有限公司	8	19	42.11%
春秋航空股份有限公司	145	647	22.41%
上海吉祥航空股份有限公司	86	451	19.07%
乌鲁木齐航空有限责任公司	12	74	16.22%
奥凯航空有限公司	16	116	13.79%
北京首都航空有限公司(121)	59	439	13.44%
长安航空有限责任公司	9	67	13.43%
金鹏航空股份有限公司	12	101	11.88%
成都航空有限公司	33	288	11.46%
西部航空有限责任公司	20	186	10.75%
福州航空有限责任公司	7	69	10.14%
华夏航空股份有限公司	18	187	9.63%
浙江长龙航空有限公司	23	287	8.01%
四川航空股份有限公司	61	870	7.01%
青岛航空股份有限公司	10	145	6.90%
中国国际货运航空有限公司	11	168	6.55%
顺丰航空有限公司	12	218	5.50%
天津航空有限责任公司	15	328	4.57%
九元航空有限公司	5	114	4.39%

续表

公司	外籍机长/人	机长总数/人	所占比例
中国东方航空武汉有限责任公司	6	141	4.26%
桂林航空有限公司	2	49	4.08%
海南航空公司新华公司	16	419	3.82%
云南祥鹏航空有限责任公司	8	231	3.46%
中国联合航空有限公司	7	237	2.95%
杭州圆通货运航空有限公司	1	58	1.72%
海南航空控股股份有限公司	8	475	1.68%
中国南方航空广州分公司	13	865	1.50%
厦门航空有限公司	7	779	0.90%

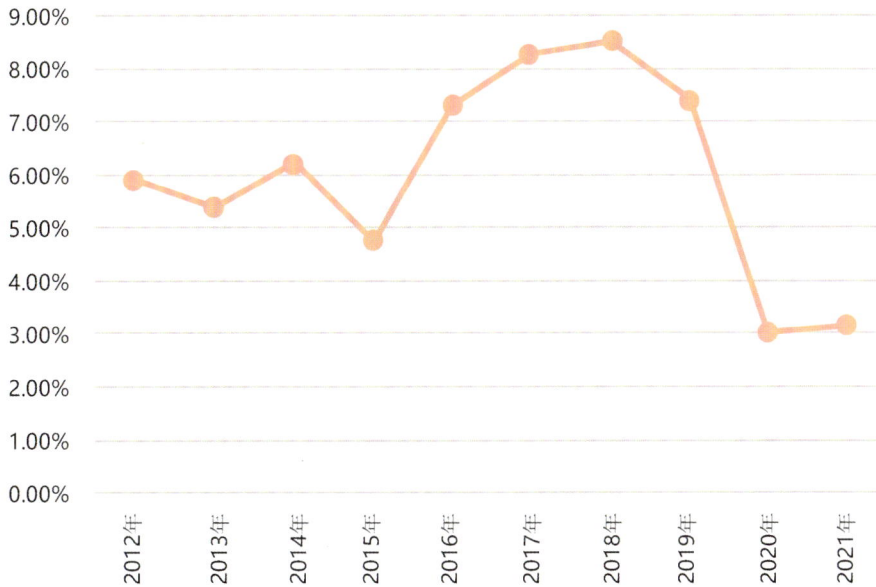

图3-14 | 外籍机长所占比例趋势

表3-14为运输航空公司外籍机长与中国籍机长的年龄结构统计,运输航空公司外籍机长与中国籍机长年龄结构分析如图3-15所示。

表3-14　运输航空公司外籍机长与中国籍机长年龄结构统计　　　　　　单位：人

出生年份	外籍	中国籍	出生年份	外籍	中国籍
1958年	0	4	1977年	29	461
1959年	4	31	1978年	26	559
1960年	4	40	1979年	24	516
1961年	7	60	1980年	10	568
1962年	11	275	1981年	22	746
1963年	16	281	1982年	19	1097
1964年	10	249	1983年	24	1222
1965年	18	286	1984年	15	1352
1966年	19	292	1985年	21	1354
1967年	22	225	1986年	8	1481
1968年	38	184	1987年	11	1470
1969年	39	150	1988年	11	1277
1970年	34	250	1989年	4	1083
1971年	40	320	1990年	5	732
1972年	33	317	1991年	2	426
1973年	24	406	1992年	1	219
1974年	29	423	1993年	0	75
1975年	27	445	1994年	0	18
1976年	23	442	1995年	0	4

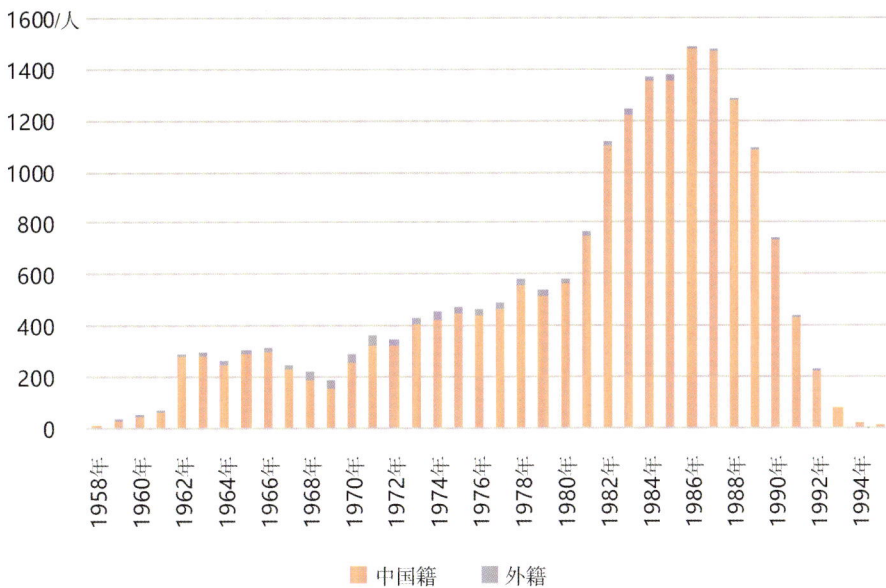

图3-15 | 运输航空公司外籍机长与中国籍机长年龄结构分析

　　表3-15是目前在我国运输航空公司参与运行的外籍机长国籍分布统计,外籍机长国籍分布如图3-16所示。

表3-15　目前在我国运输航空公司参与运行的外籍机长国籍分布统计

国籍	机长数量/人	国籍	机长数量/人
韩国	178	捷克	3
巴西	62	马来西亚	3
俄罗斯	60	葡萄牙	3
墨西哥	56	乌克兰	3
意大利	41	爱尔兰	2
西班牙	35	厄瓜多尔	2
加拿大	21	黑山	2
美国	19	罗马尼亚	2
智利	18	瑞典	2
新加坡	14	新西兰	2
英国	14	亚美尼亚	2
波兰	12	阿根廷	1

续表

国籍	机长数量/人	国籍	机长数量/人
德国	12	巴布亚新几内亚	1
澳大利亚	9	白俄罗斯	1
荷兰	8	保加利亚	1
日本	8	芬兰	1
比利时	6	蒙古国	1
奥地利	5	南非	1
哥斯达黎加	5	挪威	1
丹麦	4	土耳其	1
委内瑞拉	4	印度	1
法国	3		

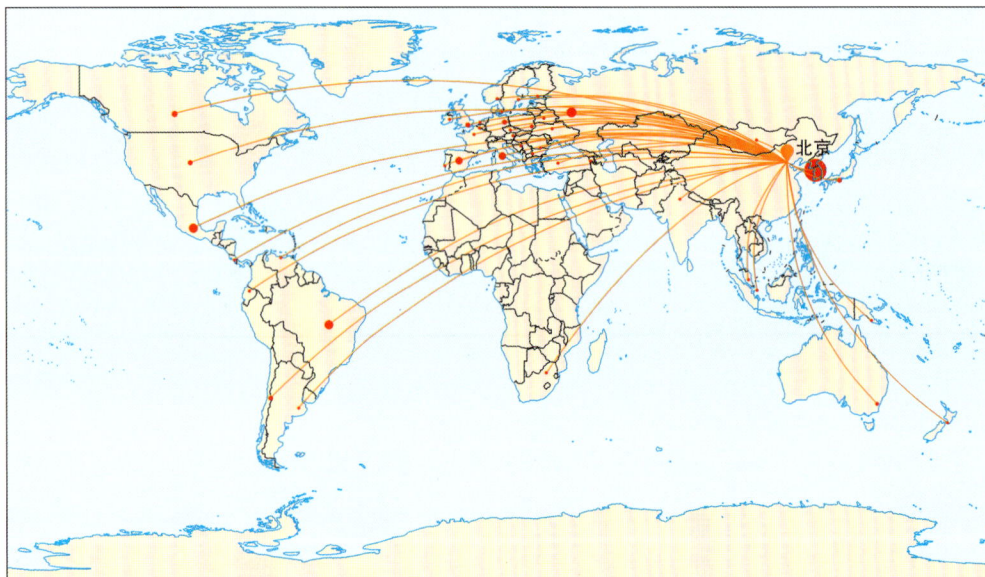

图3-16 | 目前在我国运输航空公司参与运行的外籍机长国籍分布

七、非运行人员

在运输航空公司驾驶员中,有部分人员由于种种原因目前不参加运行。根据2021年12月20日的数据,共计6158人处于非运行状态,具体原因、数量和比例如表3-16、图3-17所示。

表3-16 运输航空公司非运行人员分类统计 单位:人

待命	离职	退休	病假
5305	393	140	320

注:待命人员指持有执照等待改装机型人员;离职人员中包含外籍人员(376人)。

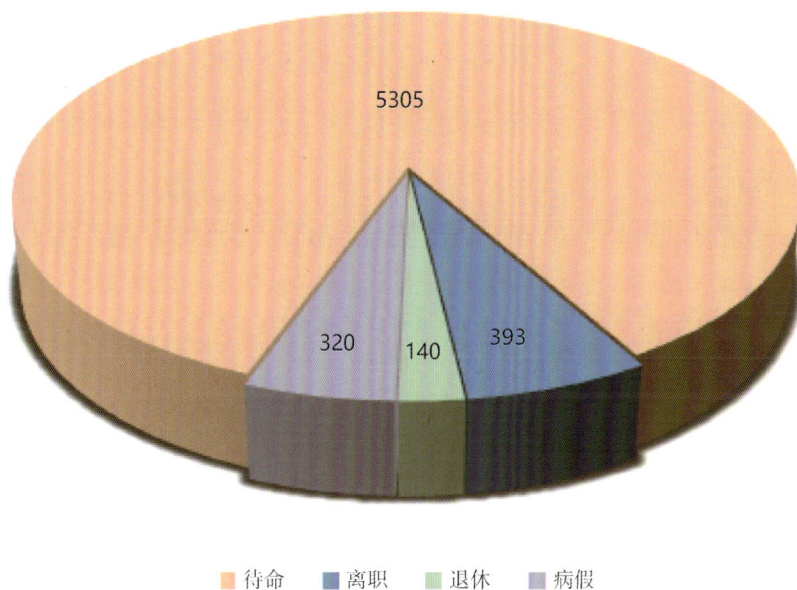

待命 ■ 离职 ■ 退休 ■ 病假

图3-17 | 运输航空公司非运行人员比例

第四章
飞行学校驾驶员数据统计

一、141部飞行学校飞行学生

本章统计数据中,飞行学校是指经中国民用航空局批准的按照《民用航空器驾驶员学校合格审定规则》(CCAR-141)提供飞行训练的机构,其提供的课程包括私用驾驶员执照课程、仪表等级课程、商用驾驶员执照课程和面向121部大型运输航空公司副驾驶培训的整体训练课程等。其中面向121部大型运输航空公司副驾驶培训的整体训练课程又包括航线运输驾驶员(飞机)整体课程(以下简称整体课程)和飞机类别多人制机组驾驶员执照课程(MPL课程),整体课程主要在141部飞行学校开设。本部分中所涉及的飞行学生数量统计均为整体课程注册学生的统计。截至2021年12月31日,我国境内的141部飞行学校一共有42所,与2020年年底相比,数量上增加了1所。其中30所具有整体课程培训资质,与2020年年底相比,数量上增加了4所,训练容量6829人,现有在训学生6656人。

表4-1列出了境内141部飞行学校合格证基本信息,包括合格证编号、学校名称、主运行基地机场、是否有辅助运行基地和整体课程训练容量情况,其中中国民用航空飞行学院共有广汉、绵阳、新津、洛阳和遂宁5个分院。境内141部飞行学校主运行基地和辅助运行基地分布如图4-1所示。

另外,目前我国境外共有35所持有CCAR-141境外驾驶员学校认可证书的飞行学校(其中14所学校的认可证书更新申请,因新型冠状病毒肺炎疫情和无在训学生暂未受理),数量与2020年年底持平。其中,美国17所,欧洲3所,澳大利亚11所,加拿大3所,南非1所,境外飞行学校总的训练容量为5248人,现有在训学生527人。

表4-2统计了2013—2021年中国民用航空局批准的境内和境外141部飞行学校数量。境外141部飞行学校分布如图4-2所示。表4-3统计了截至2021年12月31日中国民用航空局批准的境内和境外各个国家和地区141部飞行学校的整体课程训练容量,以及2021年在训飞行学生人数。2013—2021年境内和境外141部飞行学校数量对比如图4-3所示。

表4-1　境内141部飞行学校合格证基本信息统计

合格证编号	学校名称	主运行基地机场	辅助运行基地	整体课程训练容量/人
X-001R9-XN	中国民用航空飞行学院	四川省广汉机场	√	2300
X-002R12-HD	青岛九天国际飞行学院股份有限公司	山东省日照山字河机场	√	294

续表

合格证编号	学校名称	主运行基地机场	辅助运行基地	整体课程训练容量/人
X-004R7-ZN	湖北蔚蓝通用航空科技股份有限公司	湖北省襄阳刘集机场	√	300
X-005R7-DB	中国民航大学	辽宁省朝阳机场		330
X-006R7-ZN	海南航空学校有限责任公司	湖北省宜昌三峡机场	√	340
X-007R6-DB	中国飞龙通用航空有限公司	黑龙江省加格达奇嘎仙机场	√	156
X-009R7-XJ	新疆天翔航空学院有限公司	新疆维吾尔自治区石河子花园机场	√	270
X-010R9-XB	陕西凤凰国际飞行学院有限责任公司	宁夏回族自治区固原六盘山机场	√	120
X-011R6-HD	南航艾维国际飞行学院(南京)有限公司	江苏省徐州观音机场	√	
X-012R5-HD	山东南山国际飞行有限公司	山东省东营胜利机场	√	204
X-015R6-ZN	珠海中航飞行学校有限公司	广西壮族自治区梧州西江机场	√	240
X-017R5-HB	河北致远通用航空有限责任公司	河北省邯郸机场	√	240
X-018R6-XB	西安航空基地金胜通用航空有限公司	陕西省安康富强机场	√	120
X-020R3-HB	北京首航直升机股份有限公司	北京市八达岭机场		
X-022R3-DB	北大荒通用航空有限公司	黑龙江省肇东北大荒通用机场	√	60
X-023R4-DB	吉林省福航航空学院有限公司	吉林省松原查干湖机场		120
X-025R3-HB	北京翔宇通用航空有限公司	内蒙古自治区锡林浩特机场	√	105
X-027R2-HB	北京华彬天星通用航空股份有限公司	北京市密云穆家峪通用机场		
X-028R3-XN	四川龙浩飞行驾驶培训有限公司	四川省广元盘龙机场	√	480
X-036R1-XJ	新疆龙浩飞行培训有限公司	新疆维吾尔自治区克拉玛依机场		99
X-037R3-HB	中国民航大学内蒙古飞行学院	内蒙古自治区呼伦贝尔市扎兰屯市成吉思汗机场	√	180
X-038R1-HB	北京潞州通用航空有限公司	北京市通州西集机场		

续表

合格证编号	学校名称	主运行基地机场	辅助运行基地	整体课程训练容量/人
X-039R1-HD	安徽蓝天国际飞行学院有限责任公司	安徽省阜阳西关机场		30
X-040R2-HD	日照锐翔飞行培训有限公司	山东省日照岚山机场		90
X-041R2-ZN	湖南瀚星国际航空学校有限公司	广东省珠海莲洲机场		
X-042R1-XN	四川驼峰通用航空有限公司	四川省洛带机场		
X-043-ZN	安阳通用航空有限责任公司	河南省安阳北郊机场		
X-045R1-XN	四川奥林通用航空有限责任公司	贵州省黎平机场		24
X-048-HB	天津津津通用航空有限公司	天津市滨海窦庄通用机场		
X-049-ZN	东方时尚通用航空股份有限公司	河南省周口西华机场		252
X-050-ZN	河南元捷飞行学校有限公司	河南省信阳明港机场		
X-051-ZN	广州穗联直升机通用航空有限公司	广东省广州沙湾直升机场		
X-052R2-ZN	东方时尚(西华)通用航空有限公司	河南省周口西华机场		132
X-053R1-ZN	湖北龙浩飞行培训有限公司	湖北省荆门漳河机场		99
X-055R1-XN	云南能投通用航空有限公司	贵州省凯里黄平机场		54
X-056-XB	甘肃泛美通用航空有限公司	甘肃省张掖丹霞通用机场		90
X-057-XN	七彩云南通用航空有限责任公司	云南省文山普者黑机场		10
X-058-HD	南昌理工通用航空有限公司	江西省吉安桐坪通用机场		
X-059-ZN	中山雄鹰通用航空有限公司	广东省中山三角机场		
X-060-ZN	河南龙浩飞行学校有限公司	河南省信阳明港机场		30
X-061-HB	内蒙古翔瑞国际通用航空有限公司	内蒙古自治区鄂托克前旗通用机场		30
X-062-XJ	新疆天山雄鹰国际飞行学院有限公司	新疆维吾尔自治区石河子驼铃梦坡机场		30
合计				6829

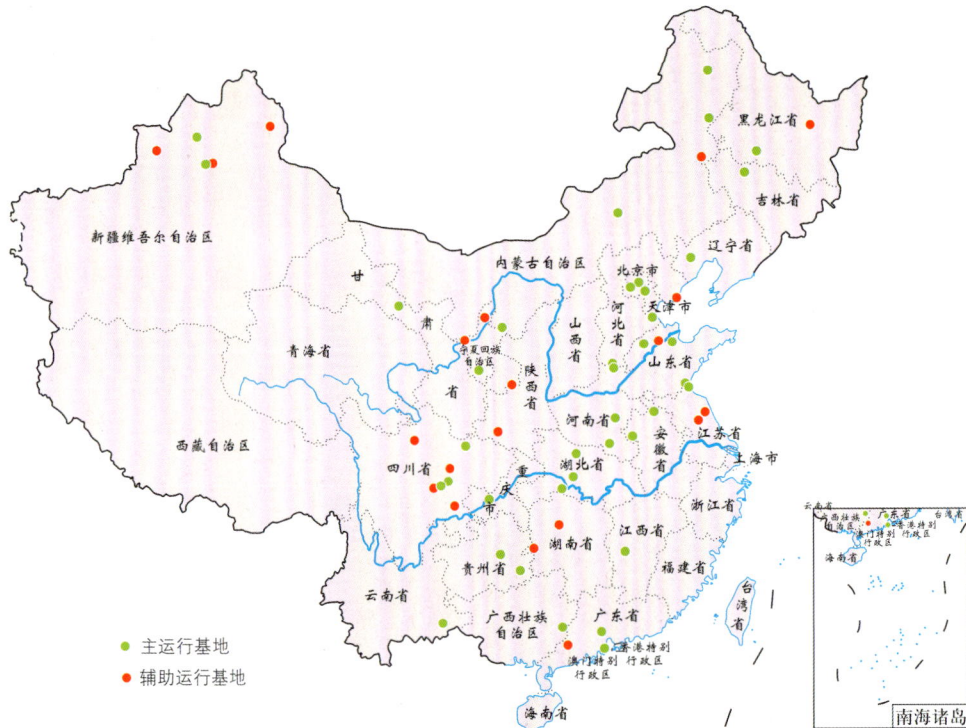

图4-1 ｜ 境内141部飞行学校主运行基地和辅助运行基地分布

表4-2　2013—2021年境内和境外141部飞行学校数量统计　　　　单位:所

年份	2013年	2014年	2015年	2016年	2017年	2018年	2019年	2020年	2021年
境内	12	14	13	20	22	26	38	41	42
境外	23	27	26	27	27	31	36	35	35

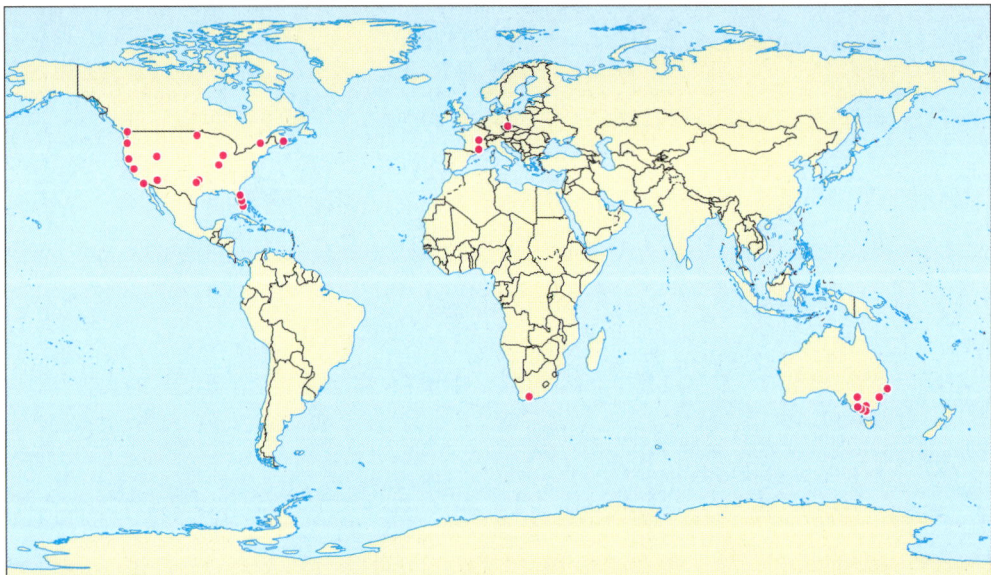

图4-2 ｜ 境外141部飞行学校分布

表4-3　境内和境外141部飞行学校所批准的训练容量与在训飞行学生人数统计　单位：人

国家/地区	所批准的训练容量	在训飞行学生人数
中国	6829	6656
美国	2950	126
澳大利亚	948	61
加拿大	730	194
欧洲	350	35
南非	270	111
合计	12 077	7183

图4-3 ┃ 2013—2021年境内和境外141部飞行学校数量对比

　　根据统计的数据，本报告将2021年度境内和境外141部飞行学校在训的飞行学生与民航局批准的训练容量做了对比（分别如图4-4、图4-5所示），并对2017—2021年境内和境外141部飞行学校注册的飞行学生人数分别做了对比（如表4-4所示），其中2019—2021年的对比如图4-6所示。

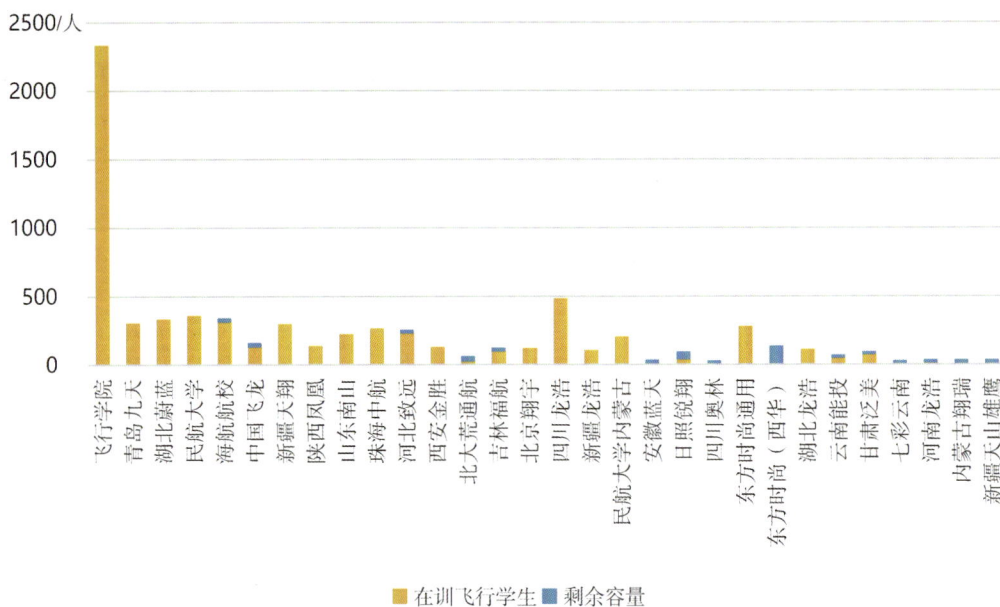

图4-4 | 2021年度境内141部飞行学校在训飞行学生人数与所批准的训练容量对比

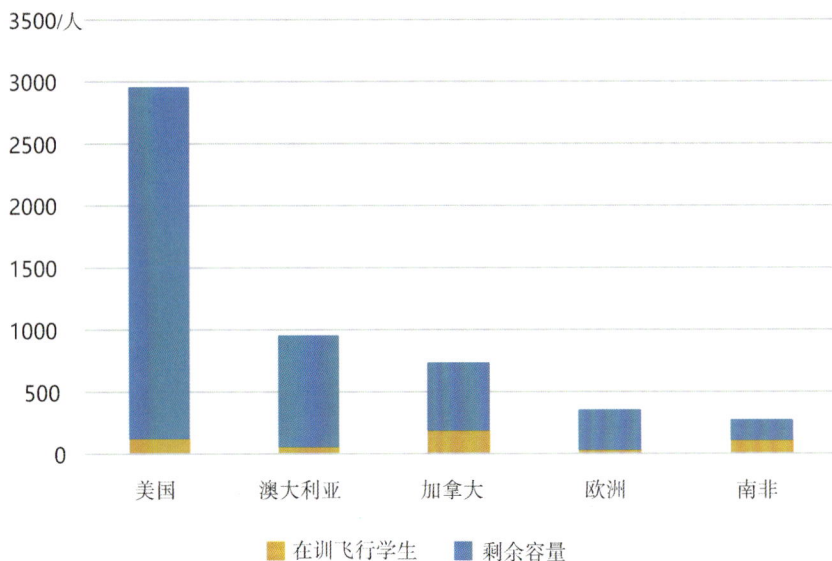

图4-5 | 2021年度境外141部飞行学校在训飞行学生人数与所批准的训练容量对比

表4-4　2017—2021年境内和境外141部飞行学校年度注册飞行学生人数统计　单位：人

国家/地区	2017年	2018年	2019年	2020年	2021年
澳大利亚	240	324	481	36	0
南非	149	147	158	42	70
加拿大	482	461	400	85	86
美国	1597	1681	1630	80	0
欧洲	87	125	59	42	3
中国	2498	2809	3305	3531	4284
合计	5053	5547	6033	3816	4443

图4-6 ｜ 2019—2021年境内和境外141部飞行学校注册的飞行学生人数对比

　　图4-7对境内学校整体课程当前在训飞行学生的训练情况进行了统计。为了直观地看出各所学校训练的延宕率，使用百分比来表示，百分比数值越高表示该校学生积压比例越高。

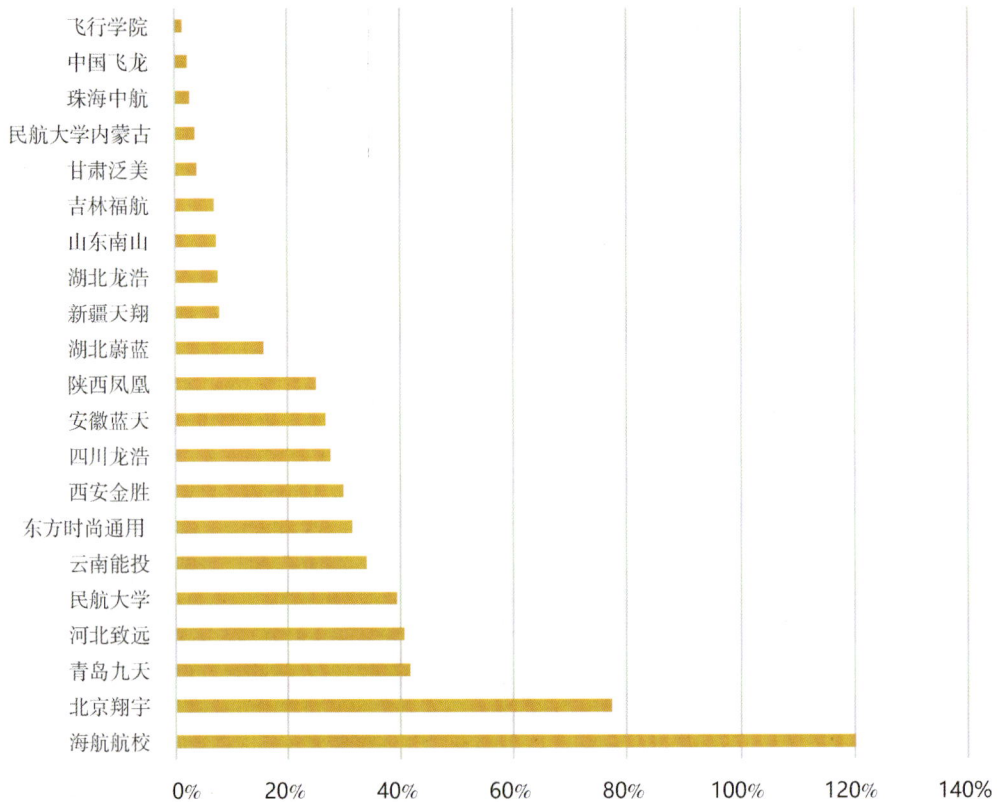

图 4-7 │ 境内学校整体课程当前在训飞行学生的训练情况对照

　　表4-5和表4-6分别对2021年度境内和境外141部飞行学校注册的飞行学生性别和年龄进行了统计,鉴于年龄小于20岁的飞行学生人数较少,本报告将20岁及以下合并起来进行统计。2021年度境内和境外141部飞行学校注册的飞行学生年龄分布如图4-8所示。

表4-5　2021年度境内141部飞行学校注册的飞行学生性别和年龄统计　　单位:人

年龄	男	女	小计
20岁及以下	197	3	200
21岁	1630	8	1638
22岁	1167	2	1169
23岁	430	2	432
24岁	255	0	255
25岁	215	0	215

续表

年龄	男	女	小计
25岁以上	374	1	375
合计	4268	16	4284

表4-6　2021年度境外141部飞行学校注册的飞行学生性别和年龄统计　　　单位：人

年龄	男	女	小计
20岁及以下	3	0	3
21岁	77	0	77
22岁	46	0	46
23岁	19	0	19
24岁	6	0	6
25岁	3	0	3
25岁以上	5	0	5
合计	159	0	159

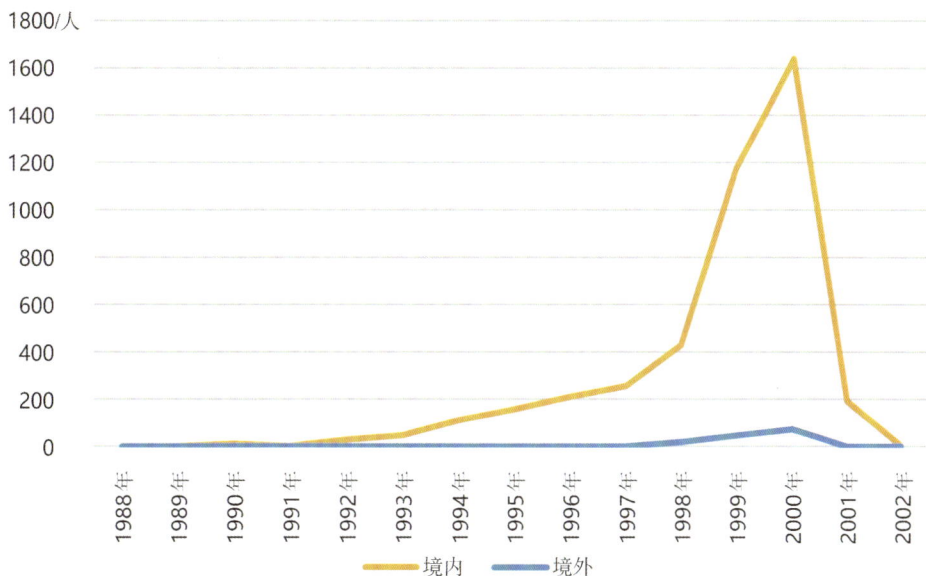

图4-8　｜2021年度境内和境外141部飞行学校注册的飞行学生年龄分布

　　表4-7和表4-8分别统计了2017—2021年境内和境外141部飞行学校注册的飞行学生人数和性别。近几年境内和境外141部飞行学校注册飞行学生数据如图4-9至图4-11

所示。

表 4-7　2017—2021 年境内 141 部飞行学校注册的飞行学生人数和性别统计　　单位:人

年份	男	女	小计
2017年	2488	10	2498
2018年	2799	10	2809
2019年	3298	7	3305
2020年	3524	7	3531
2021年	4268	16	4284

表 4-8　2017—2021 年境外 141 部飞行学校注册的飞行学生人数和性别统计　　单位:人

年份	男	女	小计
2017年	2543	12	2555
2018年	2691	47	2738
2019年	2689	39	2728
2020年	285	0	285
2021年	159	0	159

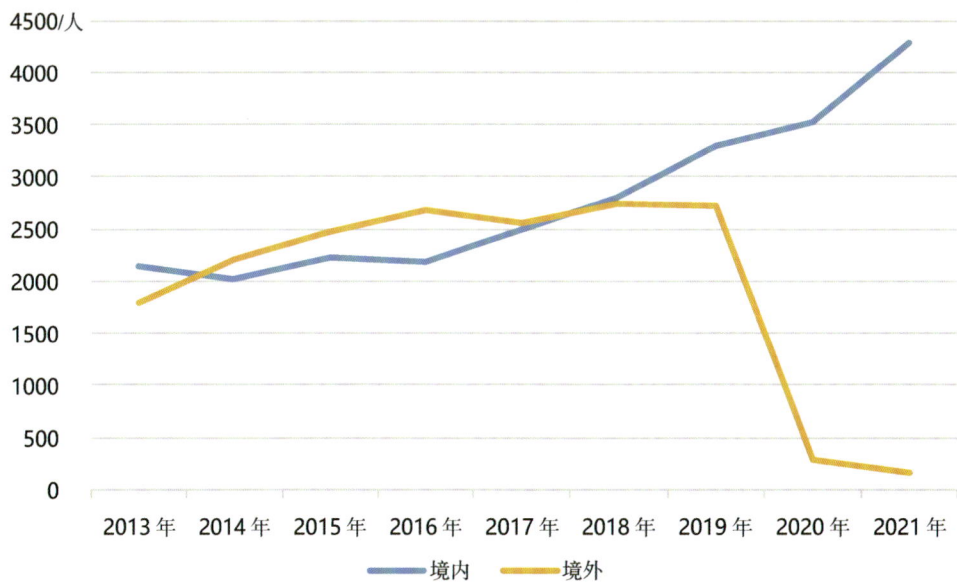

图 4-9 ┃ 2013—2021 年境内和境外 141 部飞行学校注册的飞行学生人数对比

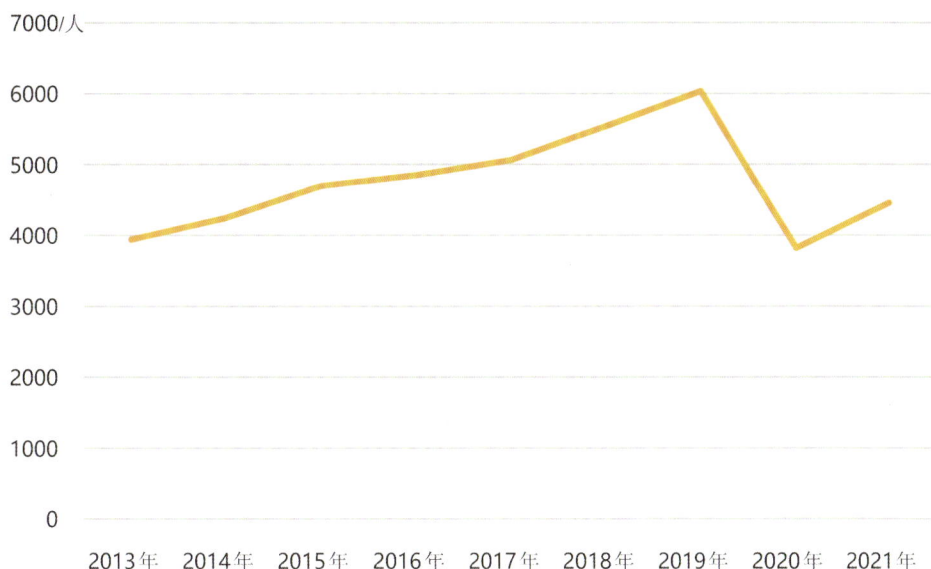

图4-10 | 2013—2021年境内和境外141部飞行学校注册的总飞行学生人数统计

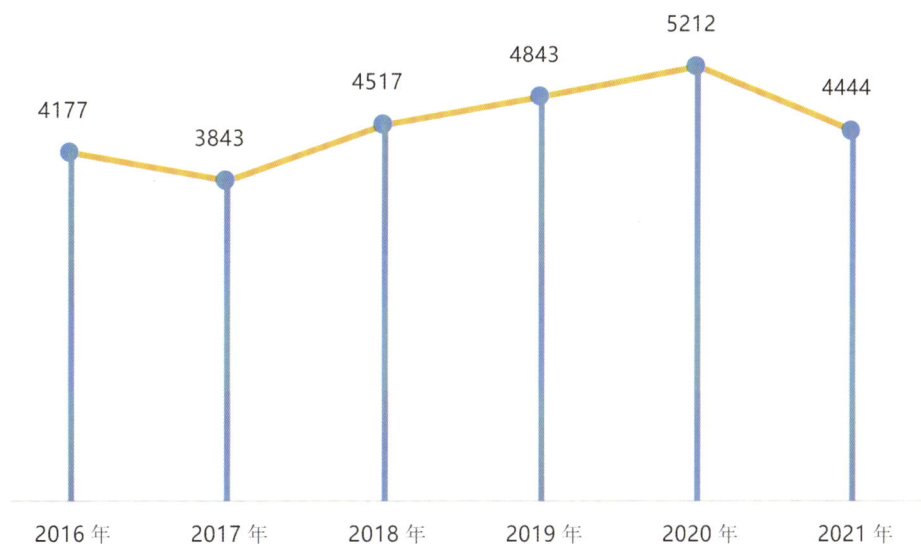

图4-11 | 2016—2021年境内和境外141部飞行学校整体课程总毕业人数统计(单位:人)

二、飞行教员

为了将飞行学生训练成为合格的驾驶员,无论是61部训练机构还是141部飞行学校必然离不开一类最为重要的人员——飞行教员,他们持有飞机、直升机类别的基础教员等级、仪表教员等级证书。表4-9统计了2017—2021年境内141部飞行学校持有各种教员等级证书的飞行教员人数等相关数据。

表4-9　2017—2021年境内141部飞行学校持有各种教员等级证书的飞行教员人数分类统计　单位：人

年份	单发	多发	直升机	仪表-飞机	仪表-直升机
2017年	770	392	91	741	14
2018年	867	425	82	814	17
2019年	1019	491	137	973	21
2020年	1137	546	146	1071	28
2021年	1233	589	119	1170	33

　　在训练机构内持有单发飞机、多发飞机的基础教员等级和仪表-飞机的仪表教员等级的飞行教员较多，同一名教员可能同时持有基础教员等级和仪表教员等级，同样的情况也存在于直升机教员当中。2019—2021年境内141部飞行学校飞行教员人数统计如图4-12所示。

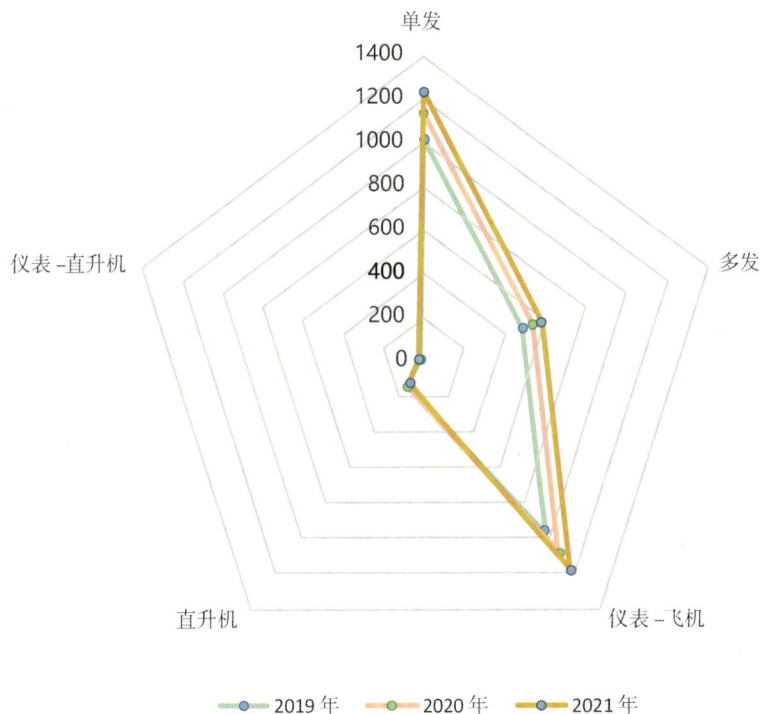

图4-12 ┃ 2019—2021年境内141部飞行学校飞行教员人数统计

　　2021年全行业共有2289人持有有效基础教员等级或仪表教员等级，其中1560人持有飞机单发基础教员等级，676人持有飞机多发基础教员等级，715人持有直升机基础教员等级，1376人持有仪表-飞机仪表教员等级，101人持有仪表-直升机仪表教员等级。

2017—2021年境内全行业飞行教员人数分类统计如表4-10所示。2016—2021年境内全行业持有飞机或直升机教员等级的飞行教员人数统计如图4-13所示。2021年度境内141部飞行学校飞行教员年龄结构统计和分布如表4-11、图4-14所示。

表4-10　2017—2021年境内全行业飞行教员人数分类统计　　　　　单位：人

年份	单发	多发	直升机	仪表-飞机	仪表-直升机
2017年	950	432	424	849	67
2018年	1141	490	486	992	73
2019年	1285	548	616	1125	111
2020年	1462	626	672	1268	97
2021年	1560	676	715	1376	101

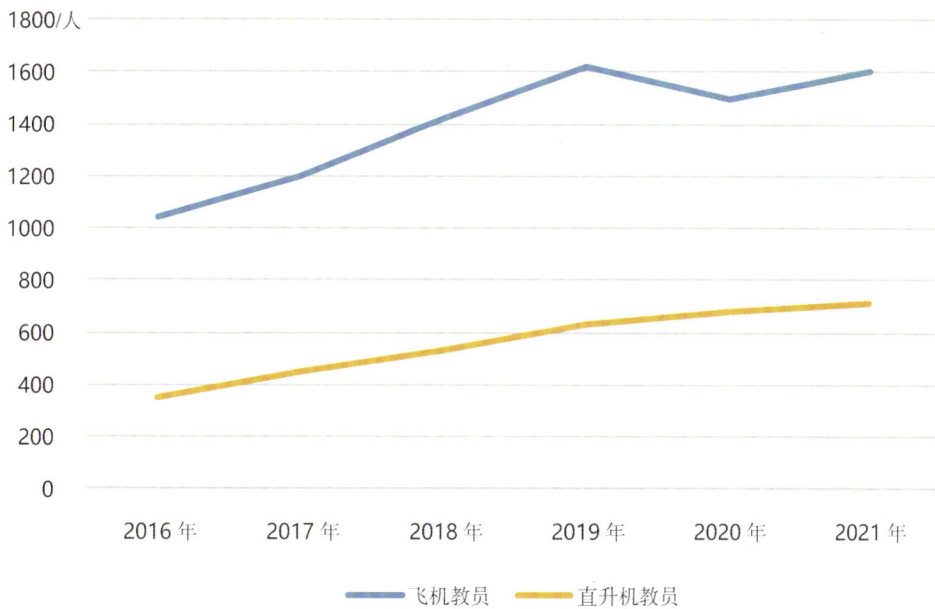

图4-13 | 2016—2021年境内全行业持有飞机或直升机教员等级的飞行教员人数统计

表 4-11　2021年度境内141部飞行学校飞行教员年龄结构统计　　　单位：人

出生年份	教员数量	出生年份	教员数量
1962年及以前	47	1981年	16
1963年	16	1982年	17
1964年	17	1983年	30
1965年	14	1984年	32
1966年	11	1985年	36
1967年	10	1986年	43
1968年	7	1987年	61
1969年	17	1988年	72
1970年	15	1989年	104
1971年	13	1990年	108
1972年	9	1991年	93
1973年	12	1992年	113
1974年	9	1993年	89
1975年	17	1994年	79
1976年	5	1995年	80
1977年	4	1996年	61
1978年	7	1997年	49
1979年	15	1998年	28
1980年	8	1999年及以后	4
合计			1368

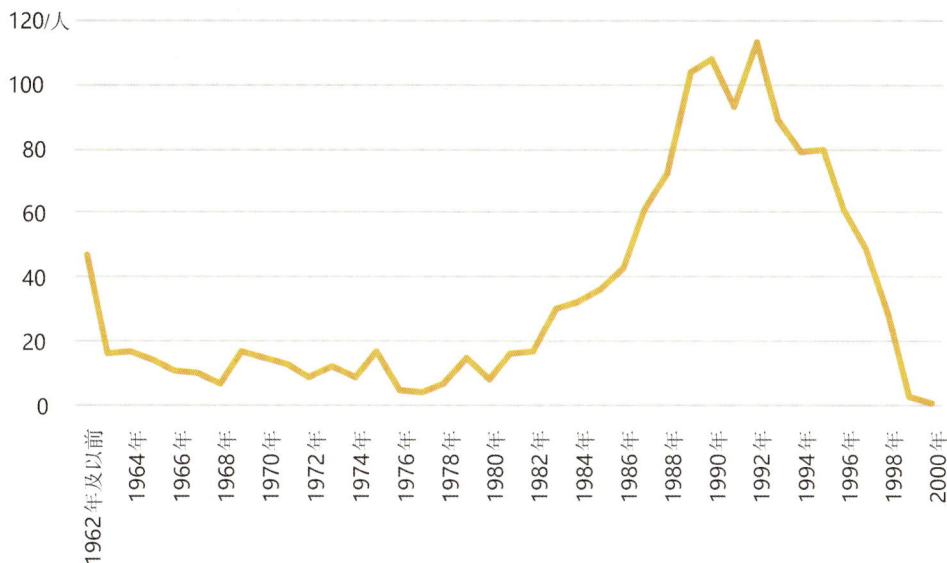

图4-14 | 2021年度境内141部飞行学校飞行教员年龄结构分布

三、境内其他训练类型飞行学生

在我国，从事飞行训练的培训机构不仅包括141部飞行学校，还包括其他训练机构。大部分141部飞行学校不仅实施整体课程训练，还实施其他类型飞行学生（包括飞行爱好者）的私用驾驶员执照训练、军转民人员的训练等。在本章前面部分所描述的是141部飞行学校整体课程培训的飞行学生相关统计数据。由于新修订生效的CCAR-91不再要求对实施运动驾驶员执照和私用驾驶员执照训练进行运行合格审定，因此，在表4-12和图4-15中不再包括仅实施运动驾驶员执照和私用驾驶员执照培训的训练机构。本部分所描述的飞行学生均在境内办理过学生执照。境内61部训练机构清单及分布分别见表4-12和图4-15。同时，2021年度境内所有训练机构（包括141部飞行学校）的非整体课程的飞行学生年龄结构和性别统计如表4-13所示，其年龄统计曲线如图4-16所示。

表4-12 境内61部训练机构清单

序号	合格证、运行规范持有人中文全称
1	鞍山雏鹰通用航空有限公司
2	北京搏翼通用航空有限责任公司
3	北京华安通用航空有限公司
4	北京金都通用航空有限公司

续表

序号	合格证、运行规范持有人中文全称
5	北京金羽通用航空有限公司
6	北京丝路通用航空有限公司
7	北京万润通用航空有限公司
8	北京五环通用航空有限公司
9	敦煌飞天通用航空有限责任公司
10	国网通用航空有限公司
11	海南金美通用航空有限公司
12	海南三亚亚龙通用航空有限公司
13	海南亚太通用航空有限公司
14	海直通用航空有限责任公司
15	杭州新联通用航空有限公司
16	河北艾莫森通用航空有限公司
17	河北北直通用航空股份有限公司
18	河北中航通用航空有限公司
19	河南贯辰通用航空有限公司
20	河南圣大通用航空有限责任公司
21	河南永翔通用航空有限责任公司
22	黑龙江凯达通用航空有限公司
23	黑龙江鲲鹏通用航空有限公司
24	黑龙江省北安农垦田野通用航空有限责任公司
25	衡阳通用航空有限公司
26	呼伦贝尔天鹰通用航空有限责任公司
27	湖北楚天通用航空有限责任公司
28	湖北弘翔航空学院有限公司

续表

序号	合格证、运行规范持有人中文全称
29	湖南衡峰通用航空服务有限公司
30	湖南华星通用航空有限公司
31	湖南联播通用航空有限公司
32	湖南翔为通用航空有限公司
33	吉林省翼龙通用航空有限公司
34	江苏泛美通用航空有限公司
35	江苏华宇通用航空有限公司
36	江苏茅山通用航空有限公司
37	江苏宁翔通用航空有限公司
38	江苏新翔通用航空服务有限公司
39	江西赣江通用航空有限公司
40	江西赣翔通用航空有限公司
41	蛟龙通用航空有限公司
42	金阳通用航空有限公司
43	精功(北京)通用航空有限责任公司
44	辽宁通飞通用航空有限公司
45	辽宁众翔通用航空有限责任公司
46	凌九霄通用航空(上海)有限公司
47	领航通用航空有限公司
48	美亚旅游航空有限公司
49	南航通用航空有限公司
50	南京若尔通用航空有限公司
51	内蒙古华翼通用航空有限公司
52	盘锦跃龙通用航空有限公司

序号	合格证、运行规范持有人中文全称
53	齐齐哈尔鹤翔通用航空有限公司
54	青岛泛美通用航空有限公司
55	青岛龙运通用航空有限公司
56	青岛直升机航空有限公司
57	日照锐翔通用航空有限公司
58	山东凤凰通用航空服务有限公司
59	山东高翔通用航空股份有限公司
60	山东通用航空服务股份有限公司
61	山东新锐通用航空有限公司
62	山西成功通用航空股份有限公司
63	陕西天驹通用航空有限公司
64	陕西信义通用航空有限公司
65	陕西中俄飞行学院有限公司
66	上海和利通用航空有限公司
67	上海啸翔通用航空服务有限公司
68	上海新辰通用航空有限公司
69	上海新空直升机有限公司
70	上海宜航通用航空有限公司
71	深圳金石通用航空有限公司
72	深圳市东部通用航空有限公司
73	深圳市锦润通用航空有限公司
74	四川泛美通用航空集团有限公司
75	四川路正通用航空有限公司
76	四川三星通用航空有限责任公司

续表

序号	合格证、运行规范持有人中文全称
77	天津蓝鲸通用航空有限公司
78	通辽市神鹰通用航空有限公司
79	五岳通用航空有限公司
80	武汉蔡甸祥云通用航空有限公司
81	西安中飞航空俱乐部有限公司
82	西部(银川)通用航空有限公司
83	新疆开元通航航空有限公司
84	新疆那拉提羽泊通用航空有限责任公司
85	新疆天成运通航空技术学院有限公司
86	新疆通用航空有限责任公司
87	亚捷通用航空无锡有限公司
88	翼飞通用航空股份有限公司
89	云南泓逸飞行俱乐部有限责任公司
90	浙江德盛通用航空有限公司
91	浙江浩恒通用航空有限公司
92	浙江万丰通用航空有限公司
93	中飞通用航空有限责任公司
94	中国通用航空有限责任公司
95	中徽通用航空股份有限公司
96	中通航翔湖南通用航空有限公司
97	中信海洋直升机股份有限公司
98	重庆亚翔通用航空有限公司
99	珠海易航通用航空有限公司

图4-15 ｜ 境内61部训练机构分布

表4-13　2021年度境内所有训练机构非整体课程飞行学生年龄结构和性别统计　单位：人

出生年份	男	女	小计
1971年及以前	35	2	37
1972年	4	0	4
1973年	9	1	10
1974年	6	0	6
1975年	8	0	8
1976年	4	1	5
1977年	11	1	12
1978年	5	1	6
1979年	9	3	12
1980年	14	3	17

续表

出生年份	男	女	小计
1981年	18	1	19
1982年	18	2	20
1983年	11	2	13
1984年	16	4	20
1985年	13	5	18
1986年	21	3	24
1987年	19	7	26
1988年	4	2	6
1989年	6	4	10
1990年	19	4	23
1991年	13	3	16
1992年	11	2	13
1993年	13	2	15
1994年	18	0	18
1995年	26	4	30
1996年	17	4	21
1997年	30	2	32
1998年	35	3	38
1999年	21	4	25
2000年	42	2	44
2001年	31	4	35
2002年及以后	13	4	17
合计	520	80	600

注：参加运动类执照训练的飞行学生无须持有学生执照。

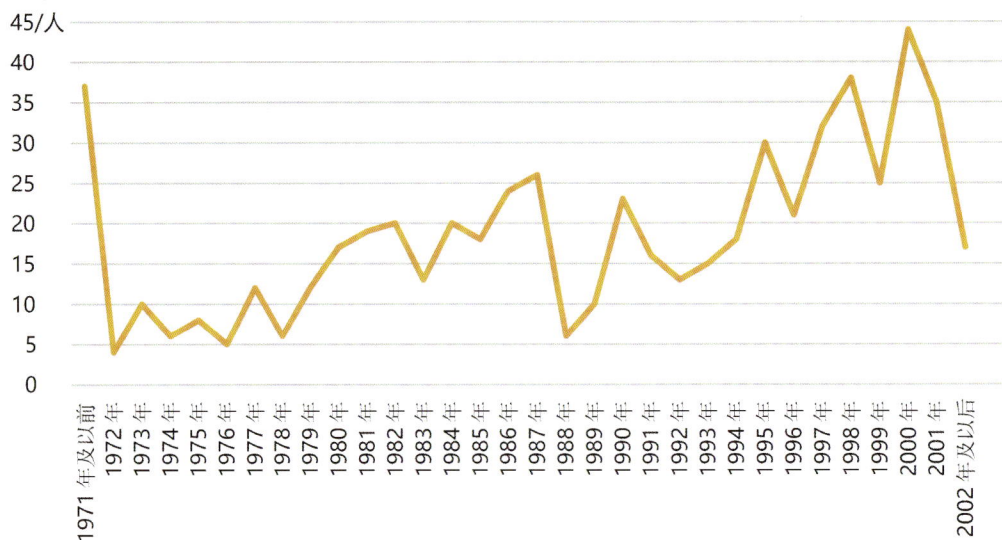

图4-16 | 2021年度境内所有训练机构非整体课程飞行学生年龄结构统计

表4-14统计了2016—2021年所颁发的运动驾驶员执照的数量,图4-17是2016—2021年运动驾驶员执照颁发数量对比图。表4-15至表4-17分别对在2021年度境内取得运动驾驶员执照(运动照)、私照、商照的非整体课程飞行学生的年龄结构和性别进行了统计,图4-18至图4-20分别对上述表格中飞行员的年龄结构进行了对比。 2021年度境内141部飞行学校非整体课程与其他训练机构飞行学生取得私照和商照人数统计如表4-18所示。

表4-14 2016—2021年所颁发的运动驾驶员照数量统计

年份	2016年	2017年	2018年	2019年	2020年	2021年
执照数量/本	102	78	108	281	299	446

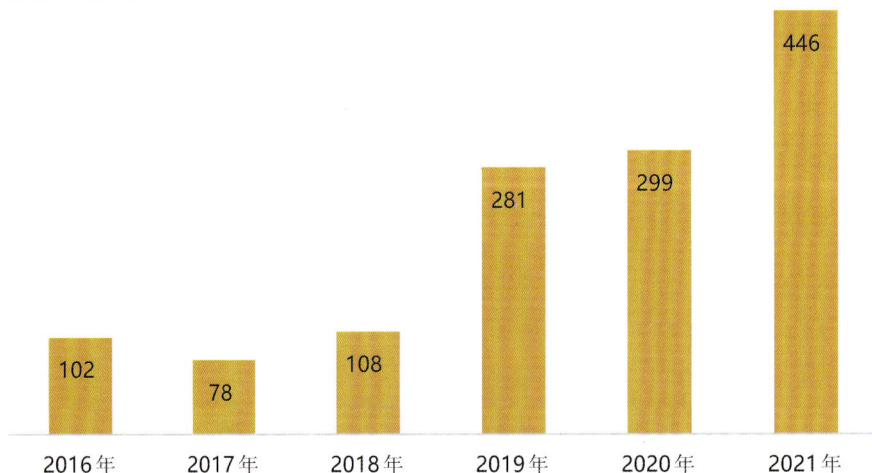

图4-17 | 2016—2021年运动驾驶员执照颁发数量对比(单位:本)

表4-15　2021年度境内取得运动驾驶员执照的飞行学生年龄结构和性别统计　　单位:人

出生年份	男	女	小计
1971年及以前	40	2	42
1972年	3	0	3
1973年	7	0	7
1974年	6	0	6
1975年	5	0	5
1976年	4	0	4
1977年	11	0	11
1978年	8	0	8
1979年	14	3	17
1980年	14	0	14
1981年	18	1	19
1982年	19	2	21
1983年	15	1	16
1984年	15	1	16
1985年	8	1	9
1986年	9	1	10
1987年	14	0	14
1988年	14	1	15
1989年	12	4	16
1990年	24	1	25
1991年	18	4	22
1992年	9	1	10
1993年	15	1	16
1994年	14	0	14
1995年	18	0	18

续表

出生年份	男	女	小计
1996 年	23	1	24
1997 年	12	1	13
1998 年	11	1	12
1999 年	7	0	7
2000 年	12	2	14
2001 年	7	1	8
2002 年	6	1	7
2003 年	1	0	1
2004 年	1	1	2
合计	414	32	446

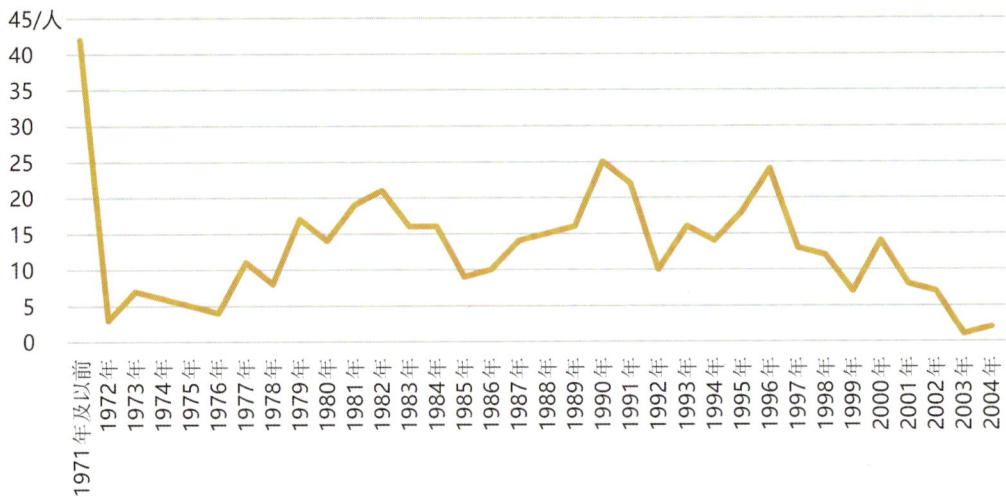

图 4-18 ┃ 2021 年度境内取得运动驾驶员执照的飞行学生年龄结构统计

表 4-16　2021 年度境内取得私照的非整体课程飞行学生年龄结构和性别统计　　单位：人

出生年份	男	女	小计
1971 年及以前	14	2	16
1972 年	0	0	0
1973 年	5	0	5

出生年份	男	女	小计
1974年	0	0	0
1975年	3	0	3
1976年	0	0	0
1977年	1	0	1
1978年	1	0	1
1979年	5	0	5
1980年	2	1	3
1981年	7	0	7
1982年	6	0	6
1983年	7	0	7
1984年	5	0	5
1985年	6	1	7
1986年	5	0	5
1987年	2	2	4
1988年	6	1	7
1989年	5	2	7
1990年	5	1	6
1991年	6	0	6
1992年	8	0	8
1993年	8	0	8
1994年	17	1	18
1995年	21	2	23
1996年	9	2	11
1997年	22	1	23
1998年	25	0	25
1999年	20	1	21

续表

出生年份	男	女	小计
2000年	21	1	22
2001年	9	2	11
2002年	2	0	2
2003年	3	0	3
2004年	1	0	1
合计	257	20	277

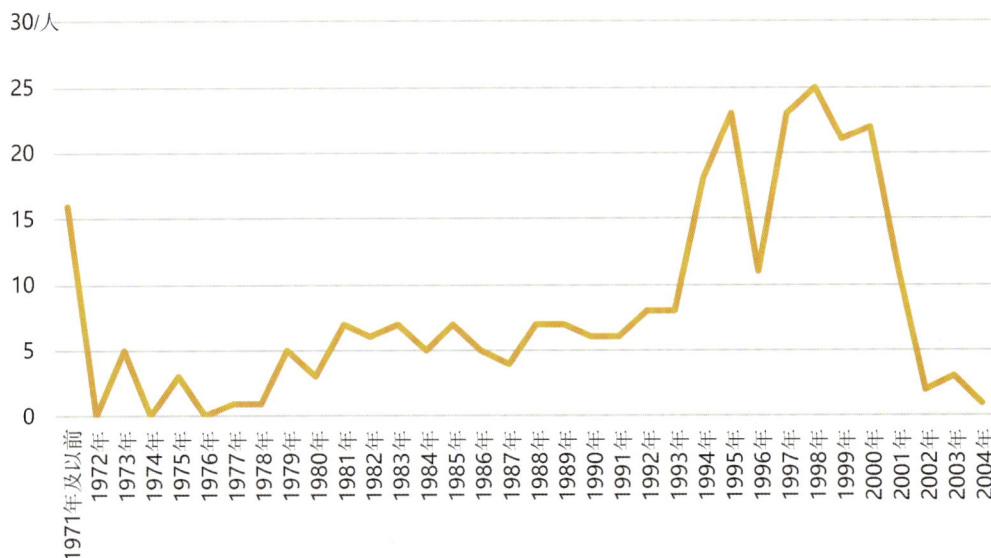

图4-19 | 2021年度境内培训机构取得私照的非整体课程飞行学生年龄结构统计

表4-17　2021年度境内取得商照的非整体课程飞行学生年龄结构和性别统计　　单位：人

出生年份	男	女	小计
1971年及以前	6	0	6
1972年	3	0	3
1973年	2	0	2
1974年	0	0	0
1975年	0	0	0
1976年	1	0	1
1977年	2	0	2

续表

出生年份	男	女	小计
1978年	3	0	3
1979年	3	0	3
1980年	4	0	4
1981年	6	0	6
1982年	4	0	4
1983年	5	0	5
1984年	5	1	6
1985年	2	1	3
1986年	7	0	7
1987年	3	1	4
1988年	10	0	10
1989年	9	0	9
1990年	7	0	7
1991年	4	0	4
1992年	7	0	7
1993年	16	0	16
1994年	11	2	13
1995年	28	3	31
1996年	17	0	17
1997年	27	1	28
1998年	20	1	21
1999年	16	1	17
2000年	22	0	22
2001年	0	0	0
2002年	1	0	1
合计	251	11	262

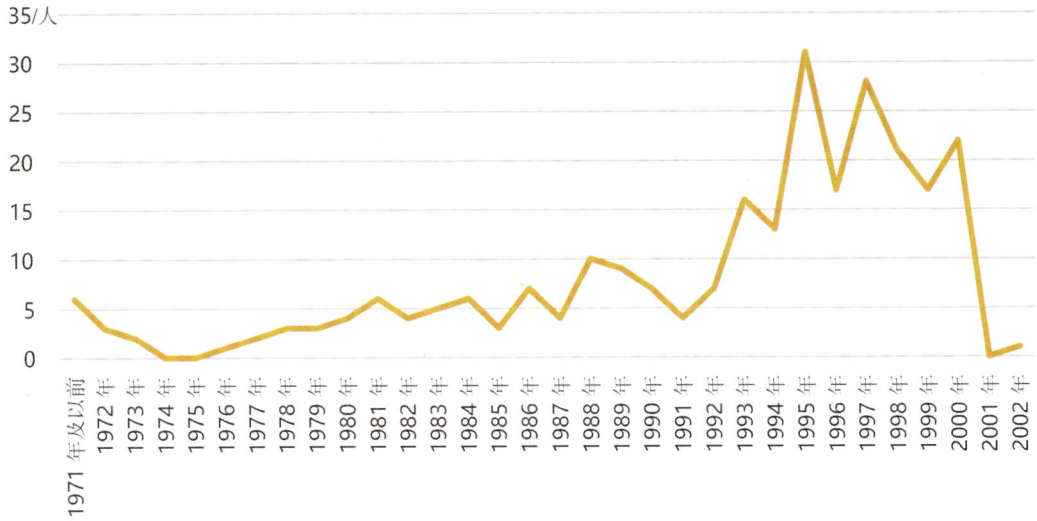

图4-20 | 2021年度境内培训机构取得商照的非整体课程飞行学生年龄结构统计

表4-18 2021年度境内141部飞行学校非整体课程与境内其他训练机构飞行学生取得私照和商照的
人数统计
单位:人

培训机构 \ 数量 \ 类型	取得私照人数	取得商照人数
141部飞行学校	96	112
其他训练机构	181	150

综上,将本章第一部分和第三部分所统计的2021年度境内和境外整体课程注册学生和境内非整体课程学生执照持有数量进行了对比,如图4-21所示。

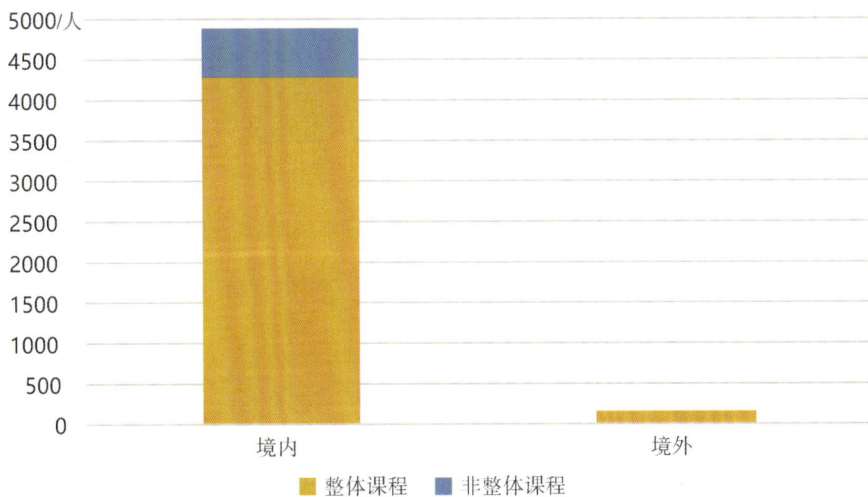

整体课程 ■ 非整体课程

图4-21 | 2021年度境内和境外训练机构注册学生驾驶员人数统计

第五章
执照理论及语言等级考试统计

一、驾驶员执照理论考试统计

截至2021年年底，全国共有26个民航驾驶员执照理论考试点，分布在北京、上海、海口、广州、成都、乌鲁木齐、厦门、郑州、沈阳、哈尔滨等多个城市，可以保证全民航驾驶员的执照理论考试需求。

本节根据考试量、考试通过率、平均分等对考试系统数据进行统计分析。所有数据均来自民航局驾驶员执照理论考试系统。

1.驾驶员执照理论考试量统计

2017—2021年驾驶员执照理论考试量统计结果如表5-1和图5-1所示。

表5-1　2017—2021年驾驶员执照理论考试量统计

年份	2017年	2018年	2019年	2020年	2021年
考试量/人次	29 474	33 010	32 948	33 683	33 456

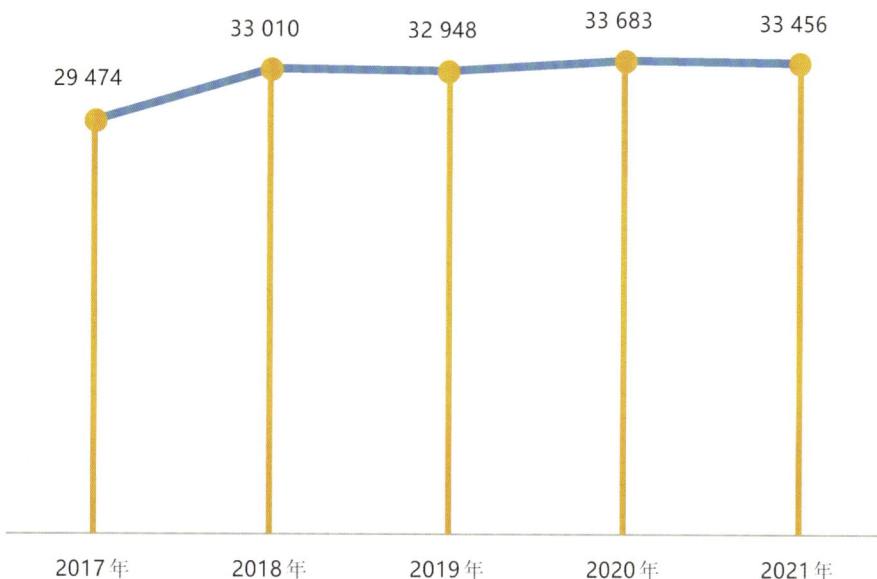

图5-1 ┃ 2017—2021年驾驶员执照理论考试量统计(单位:人次)

2.驾驶员执照理论考试各考试类型数据统计

本部分主要统计2017—2021年执照理论考试各考试类型的通过率。理论考试类型分为私照、商照、航线照、仪表等级、飞行教员教学法和运动类。

私照理论考试类型主要统计私照的飞机和直升机类别,统计数据如表5-2所示。

表5-2 私照理论考试类型相关数据统计

年份	考试人次	通过人次	通过率	平均分/分
2017年	4879	4316	88%	88
2018年	5933	5218	88%	88
2019年	6187	5617	91%	89
2020年	6733	6383	95%	91
2021年	7132	6877	96%	92

商照理论考试类型主要统计商照的飞机和直升机类别,统计数据如表5-3所示。

表5-3 商照理论考试类型相关数据统计

年份	考试人次	通过人次	通过率	平均分/分
2017年	8650	5994	69%	83
2018年	9747	7177	74%	83
2019年	9256	7540	81%	85
2020年	10 452	9215	88%	87
2021年	9552	8751	92%	89

航线照理论考试类型主要统计航线照的飞机和直升机类别,统计数据如表5-4所示。

表5-4 航线照理论考试类型相关数据统计

年份	考试人次	通过人次	通过率	平均分/分
2017年	7411	5142	69%	73
2018年	7753	5838	75%	74
2019年	7607	6130	81%	76
2020年	5975	5232	88%	78
2021年	7336	6390	87%	78

仪表等级理论考试类型主要统计仪表类别,统计数据如表5-5所示。

表5-5 仪表等级理论考试类型相关数据统计

年份	考试人次	通过人次	通过率	平均分/分
2017年	7806	5639	72%	83
2018年	8863	6511	73%	84
2019年	9137	6907	76%	84
2020年	10 044	8656	86%	86
2021年	8868	8023	90%	88

飞行教员教学法理论考试类型主要统计飞行教员教学法,统计数据如表5-6所示。

表5-6 飞行教员教学法理论考试类型相关数据统计

年份	考试人次	通过人次	通过率	平均分/分
2017年	587	377	64%	80
2018年	505	348	69%	83
2019年	535	411	77%	84
2020年	364	293	80%	84
2021年	409	298	73%	83

运动类理论考试类型主要统计初级飞机、自转旋翼机、滑翔机、自由气球和小型飞艇类别,统计数据如表5-7所示。

表5-7 运动类理论考试类型相关数据统计

年份	考试人次	通过人次	通过率	平均分/分
2017年	141	116	82%	81
2018年	209	152	73%	81
2019年	226	195	86%	86
2020年	115	100	87%	87
2021年	162	148	91%	86

3.驾驶员理论考试历年各考试类型通过率对比

2017—2021年驾驶员理论考试历年各考试类型通过率对比如表5-8和图5-2所示。

表5-8　2017—2021年驾驶员理论考试各考试类型通过率对比

年份	私照	商照	航线照	仪表等级	飞行教员教学法
2017年	88%	69%	69%	72%	64%
2018年	88%	74%	75%	73%	69%
2019年	91%	81%	81%	76%	77%
2020年	95%	88%	88%	86%	80%
2021年	96%	92%	87%	90%	73%

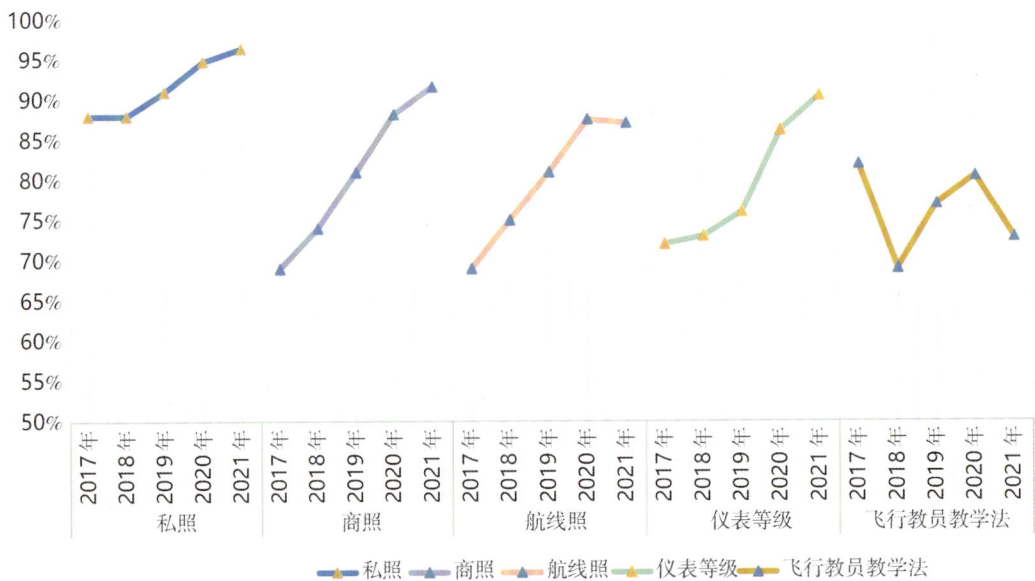

图5-2 ｜ 2017—2021年驾驶员理论考试各考试类型通过率对比

4.2020—2021年飞机类别和直升机类别各理论考试类型考试人次对比

2020—2021年飞机类别和直升机类别各理论考试类型考试人次对比分别如表5-9和图5-3、表5-10和图5-4所示。

表5-9　2020—2021年飞机类别各理论考试类型考试人次对比　　　　单位：人次

考试类型	2020 年	2021年
私照	6401	6851
商照	10 073	9241
航线照	5952	7330

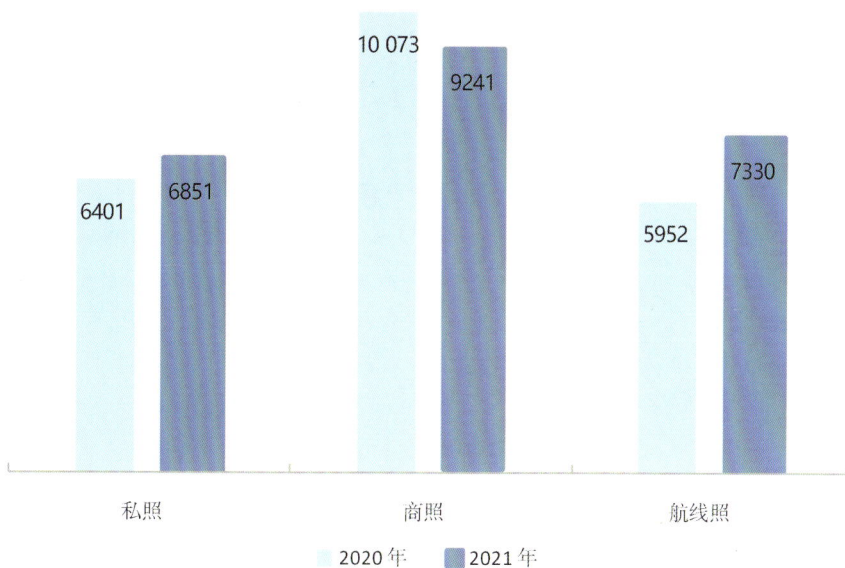

图5-3 ｜ 2020—2021年飞机类别各理论考试类型考试人次对比（单位：人次）

表5-10　　2020—2021年直升机类别各理论考试类型考试人次对比　　　　单位：人次

考试类型	2020年	2021年
私照	332	278
商照	379	311
航线照	23	6

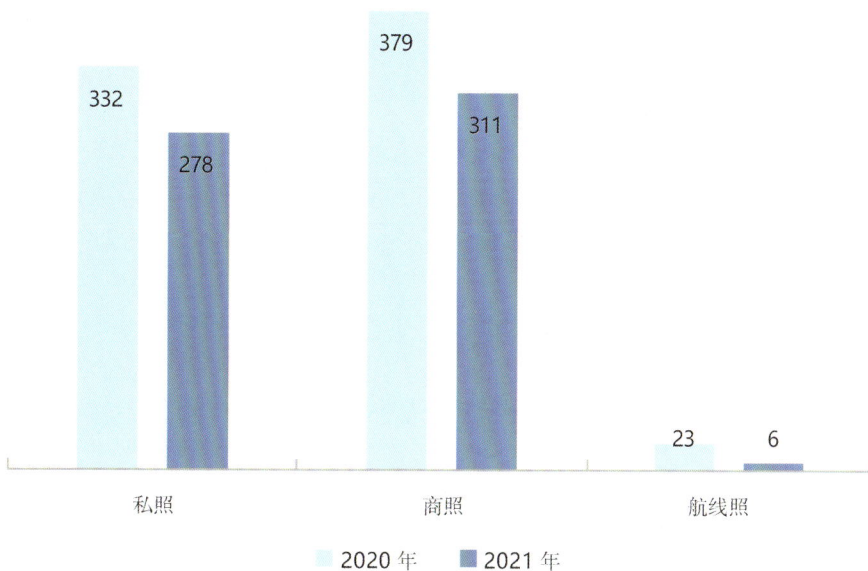

图5-4 ｜ 2020—2021年直升机类别各考试类型考试人次对比（单位：人次）

5.历年各地区考点理论考试量

2017—2021年民航各地区理论考试量如表5-11所示,其中2020年和2021年民航各地区理论考试量对比如图5-5所示。

表5-11　2017—2021年民航各地区理论考试量　　　　　　　单位:人次

地区	2017年	2018年	2019年	2020年	2021年
华北地区	4815	5617	6745	9154	10 165
中南地区	4953	4605	4033	2099	2449
西南地区	11 411	13 662	12 758	13 738	13 676
华东地区	5891	5457	6422	5482	4212
西北地区	626	1665	793	551	282
东北地区	883	891	1466	1871	1750
新疆地区	795	959	679	788	922

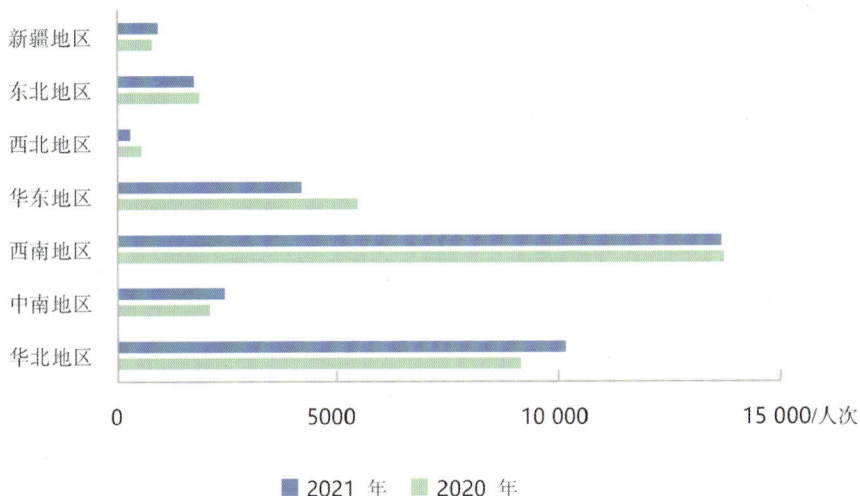

图5-5 ｜ 2020—2021年民航各地区理论考试量对比

2021年度民航各地区各理论考试类型考试量统计如表5-12所示。2021年度民航各考点理论考试类型考试量统计如表5-13所示。2021年度民航各考点理论考试类型考试量对比如图5-6所示。2021年度民航各考点理论各考试类型通过率统计如表5-14所示。

表5-12 2021年度民航各地区各理论考试类型考试量统计　　单位：人次

地区	飞机私照	直升机私照	飞机商照	直升机商照	飞机航线照	直升机航线照	仪表	飞行教员教学法	运动照
华北地区	1933	121	2863	105	2131	2	2740	129	141
中南地区	443	20	653	31	611	4	609	75	3
西南地区	3097	74	3786	69	2952	0	3580	113	5
华东地区	605	58	1172	100	1065	0	1160	40	12
西北地区	71	1	64	2	60	0	72	12	0
东北地区	499	1	474	3	238	0	512	22	1
新疆地区	203	3	229	1	273	0	195	18	0

表5-13 2021年度民航各考点理论考试类型考试量统计　　单位：人次

考点	飞机私照	直升机私照	飞机商照	直升机商照	飞机航线照	直升机航线照	仪表	飞行教员教学法	运动照
北航	254	0	429	0	175	0	430	0	0
管干院	598	71	1249	60	1466	0	1233	77	27
翔宇	109	2	137	2	36	0	117	4	0
民航大学	873	7	834	9	235	0	746	16	7
华彬天星	80	41	95	34	101	2	103	29	107
国航	19	0	119	0	118	0	111	3	0
湖北监管局	176	1	267	5	234	0	237	16	0
深航	44	2	90	1	137	4	87	11	0
海航	26	0	89	0	115	0	84	8	0
西华机场	193	0	191	1	125	0	192	36	0
贯辰通航	4	17	16	24	0	0	9	4	3
西南局	27	59	74	49	201	0	77	11	5
飞行学院	2533	15	3138	20	2536	0	2905	47	0
四川龙浩	537	0	574	0	215	0	598	55	0
滨州飞院	257	2	248	12	73	0	218	9	0

续表

考点	飞机私照	直升机私照	飞机商照	直升机商照	飞机航线照	直升机航线照	仪表	飞行教员教学法	运动照
东方飞培	47	28	304	48	471	0	309	7	9
南航大	113	13	228	25	90	0	236	11	0
青岛九天	73	10	111	11	155	0	103	7	0
厦航	99	5	260	3	234	0	269	6	3
吉祥航	16	0	21	1	42	0	25	0	0
黑监局	3	0	1	0	0	0	5	0	0
沈航大	275	0	294	0	34	0	315	7	0
民航大朝阳	159	0	109	0	153	0	37	0	1
中国飞龙	62	1	70	3	51	0	155	15	0
西北局	71	1	64	2	60	0	72	12	0
新疆局	203	3	229	1	273	0	195	18	0
合计	6851	278	9241	311	7330	6	8868	409	162

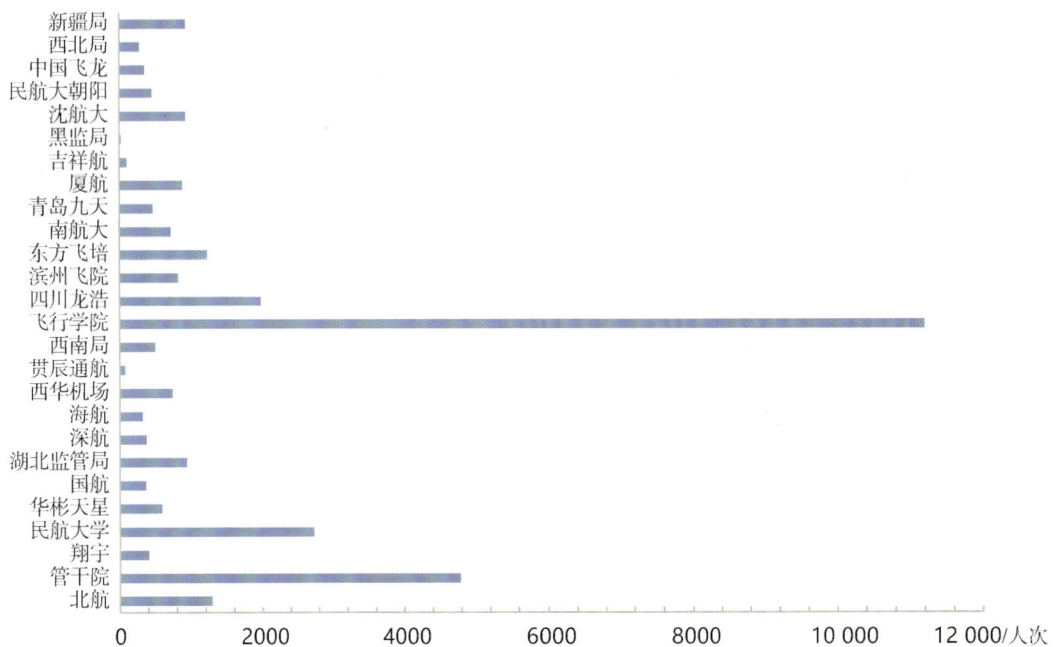

图5-6 ｜ 2021年度民航各考点理论考试类型考试量对比

表5-14　2021年度民航各考点理论各考试类型通过率统计

考点	私照	商照	航线照	仪表等级	飞行教员教学法	运动照
北航	100%	95%	77%	89%	—	—
管干院	92%	91%	90%	91%	68%	85%
翔宇	99%	98%	92%	94%	50%	—
民航大学	98%	93%	86%	92%	69%	86%
华彬天星	85%	74%	85%	79%	62%	97%
国航	100%	94%	86%	91%	100%	—
湖北监管局	99%	96%	84%	95%	75%	—
深航	100%	98%	89%	93%	64%	—
海航	92%	91%	87%	88%	50%	—
西华机场	100%	98%	98%	98%	89%	—
贯辰通航	81%	45%	—	44%	75%	100%
西南局	84%	80%	91%	99%	91%	60%
飞行学院	98%	91%	83%	89%	68%	—
四川龙浩	97%	93%	93%	91%	62%	—
滨州飞院	96%	93%	84%	91%	78%	—
东方飞培	89%	85%	93%	91%	100%	100%
南航大	90%	89%	98%	89%	100%	—
青岛九天	93%	90%	83%	92%	100%	—
厦航	97%	97%	95%	96%	67%	100%
吉祥航	31%	77%	83%	60%	—	—
黑监局	100%	100%	—	60%	—	—
沈航大	95%	90%	85%	86%	71%	—
民航大朝阳	99%	94%	85%	89%	—	100%
中国飞龙	94%	86%	92%	81%	80%	—
西北局	94%	92%	88%	97%	75%	—
新疆局	99%	98%	88%	94%	89%	—

6.2017—2021年各考试类型考试量统计

2017—2021年各考试类型考试量统计如表5-15所示,其中2021年度理论考试各考试类型参考比例如图5-7所示。2017—2021年理论考试各考试类型考试增长量和年增长率如表5-16所示,其中各理论考试各考试类型增长率对比如图5-8所示。2020—2021年理论考试各月份考试人次对比如图5-9所示。

表5-15　2017—2021年各考试类型考试量统计　　　　　　　　　　单位:人次

年份	私照	商照	航线照	仪表等级	飞行教员教学法	运动照
2017年	4879	8650	7411	7806	587	141
2018年	5933	9747	7753	8863	505	209
2019年	6187	9256	7607	9137	535	226
2020年	6733	10 452	5975	10 044	364	115
2021年	7129	9552	7336	8868	409	162

注:私照、商照、航线照和仪表等级包含飞机和直升机类别。

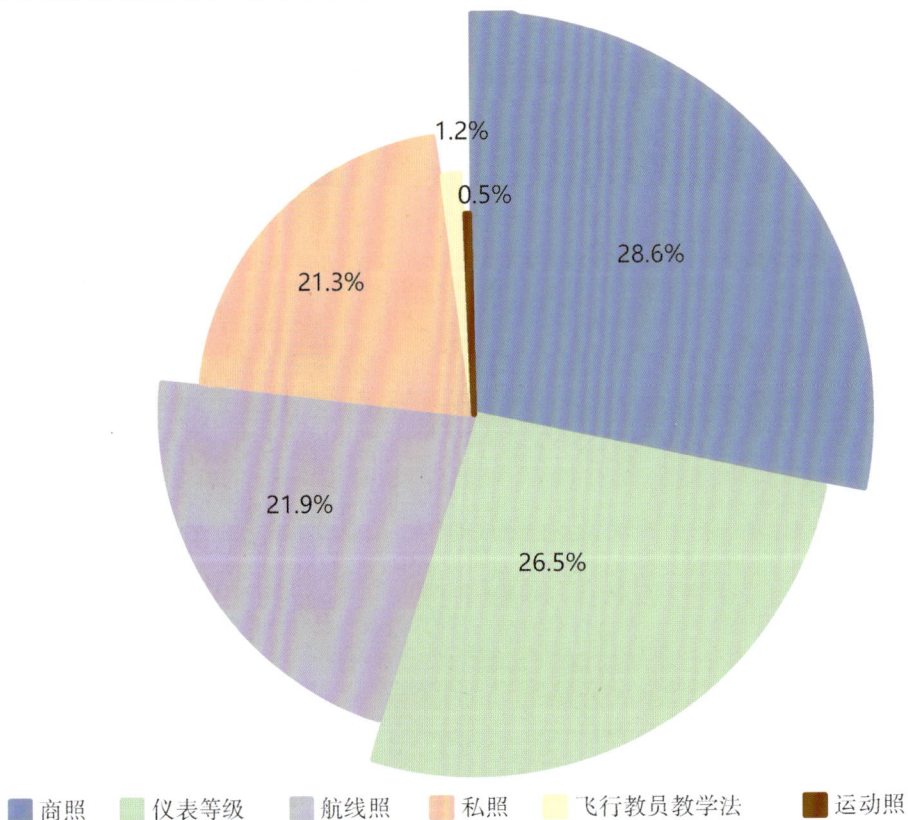

图5-7 ┃ 2021年度理论考试各考试类型参考比例

表5-16　2017—2021年理论考试各考试类型考试增长量和年增长率统计

	年份	2017年	2018年	2019年	2020年	2021年
私照	增长量/人次	137	1054	254	546	396
	年增长率	3%	22%	4%	9%	6%
商照	增长量/人次	915	1097	−491	1196	−900
	年增长率	12%	13%	−5%	13%	−9%
航线照	增长量/人次	−4328	342	−146	−1632	1361
	年增长率	−37%	5%	−2%	−21%	23%
仪表等级	增长量/人次	799	1057	274	907	−1176
	年增长率	11%	14%	3%	10%	−12%

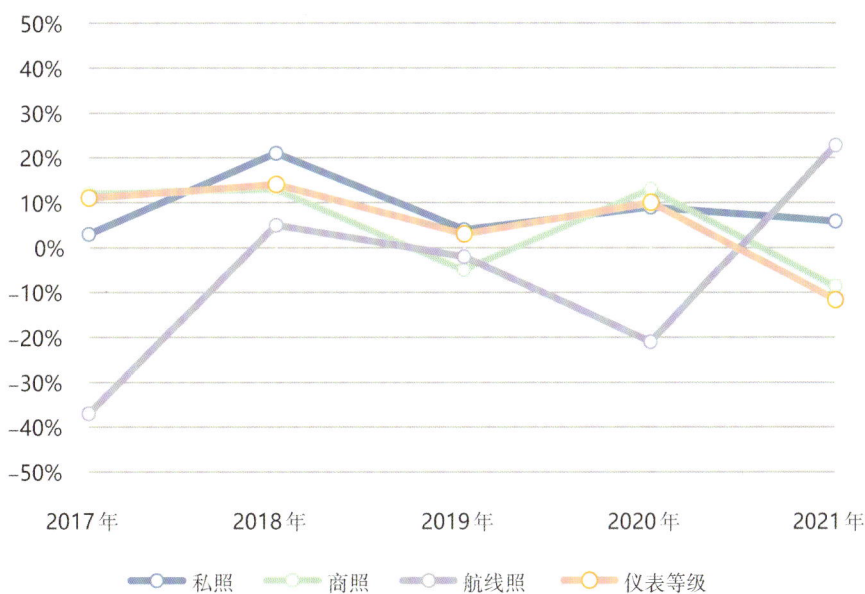

图5-8 | 2017—2021年各理论考试各考试类型增长率对比

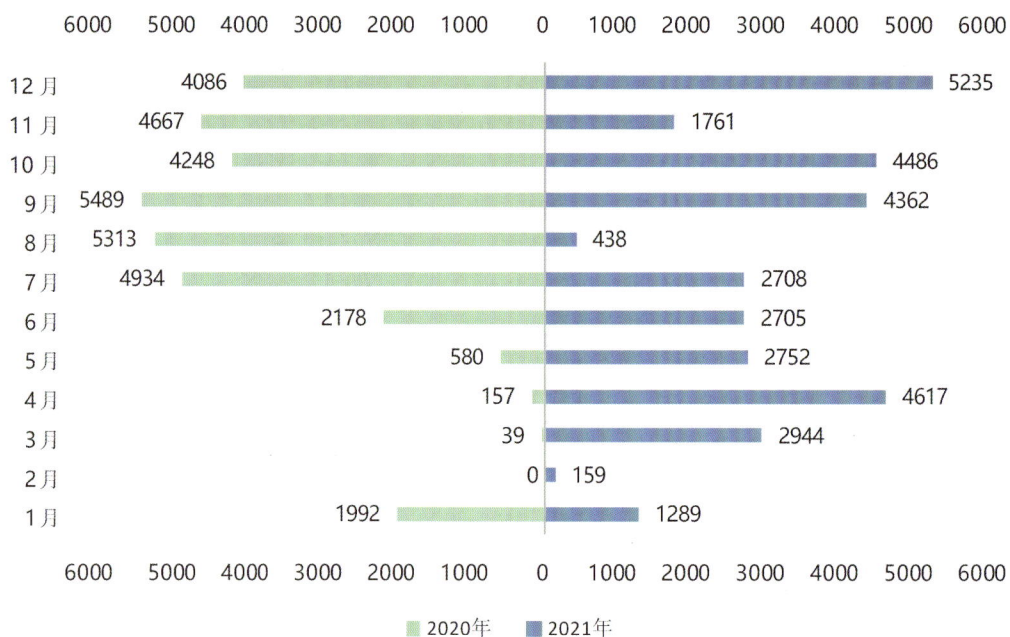

图5-9 ┃ 2020—2021年各理论考试各月份考试人次对比

7.2021年理论考试各考试类型试题章节正确率

（1）私照飞机类别试题各章节正确率统计

2021年度私照飞机类别试题各章节正确率统计如表5-17和图5-10所示。

表5-17　2021年度私照飞机类别试题各章节正确率统计

章	章节名称	总人次	正确人次	通过率
第1章	法规	204 240	192 885	94%
第2章	飞行前准备	40 848	39 648	97%
第3章	气象	81 696	76 089	93%
第4章	空气动力学	149 776	135 030	90%
第5章	领航	40 848	36 370	89%
第6章	航空器运行	40 848	37 287	91%
第7章	重量和平衡	20 424	18 939	93%
第8章	飞行性能	20 424	17 056	84%
第9章	人的因素	61 272	58 059	95%
第10章	无线电通话	20 424	20 059	98%

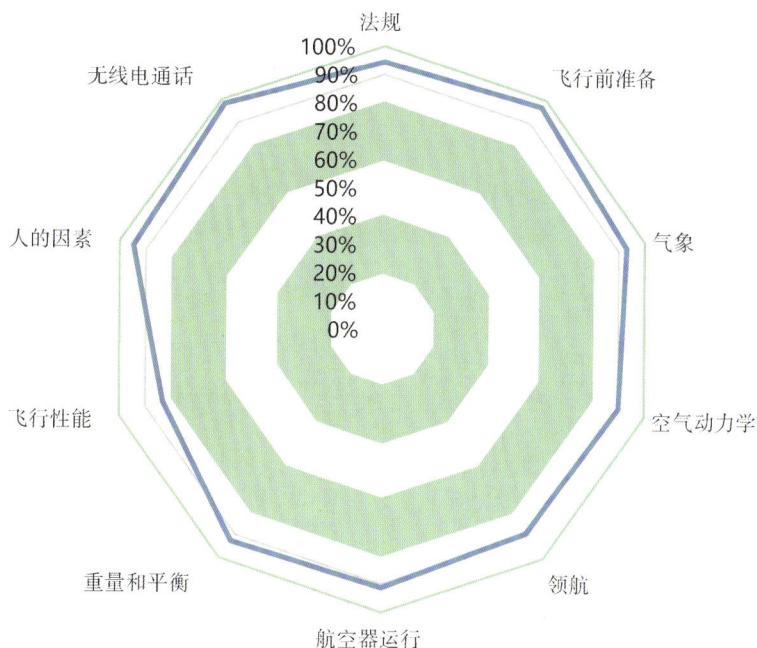

图5-10 ┃ 2021年度私照飞机类别试题各章节正确率统计

（2）私照直升机类别试题各章节正确率统计

2021年度私照直升机类别试题各章节正确率统计如表5-18和图5-11所示。

表5-18 2021年度私照直升机类别试题各章节正确率统计

章	章节名称	总人次	正确人次	通过率
第1章	航空规章	7774	6768	87%
第2章	直升机一般知识	1512	1358	90%
第3章	性能装载平衡	3024	2642	87%
第4章	人的行为能力	5544	4037	73%
第5章	气象学	1512	1159	77%
第6章	领航	1512	1289	85%
第7章	操作程序	1764	1554	88%
第8章	飞行原理	756	670	89%
第9章	无线电通信程序	1386	1247	90%

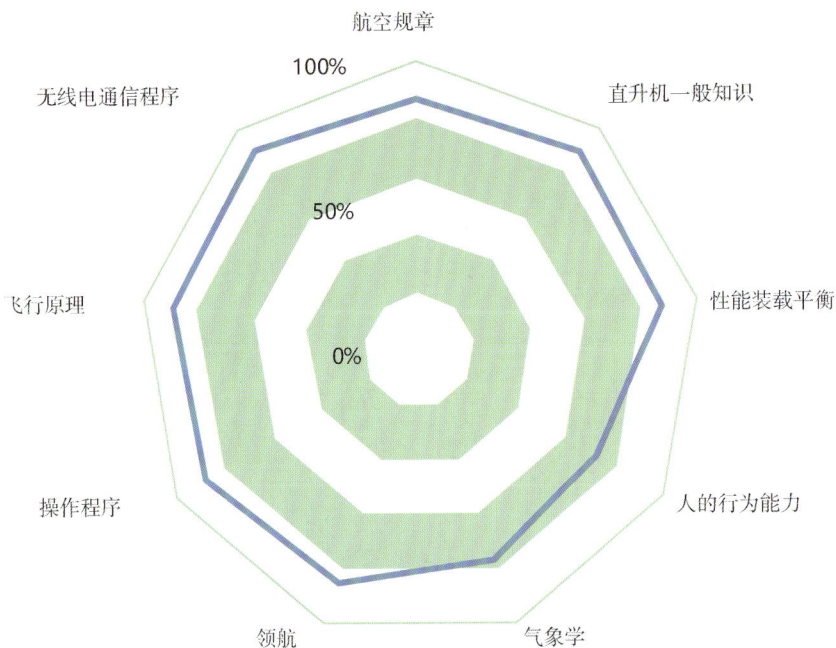

图5-11 | 2021年度私照直升机类别试题各章节正确率统计

(3)商照飞机类别试题各章节正确率统计

2021年底商照飞机类别试题各章节正确率如表5-19和图5-12所示。

表5-19　2021年度商照飞机类别试题各章节正确率统计

章	章节名称	总人次	正确人次	通过率
第1章	航空规章	183 240	170 288	93%
第2章	飞机一般知识	137 430	125 150	91%
第3章	载重平衡	109 944	99 608	91%
第4章	人的行为能力	54 972	48 293	88%
第5章	气象	91 620	79 127	86%
第6章	领航与导航	109 944	97 095	88%
第7章	操作程序	64 134	58 654	91%
第8章	飞行原理	137 430	115 853	84%
第9章	无线电通信	27 486	24 859	90%

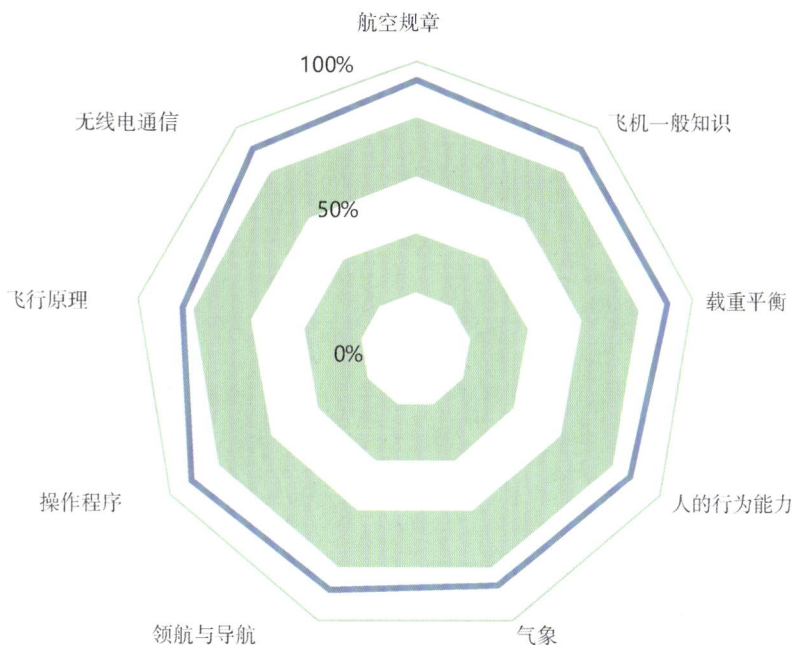

图5-12 ┃ 2021年度商照飞机类别试题各章节正确率统计

（4）商照直升机类别试题各章节正确率统计

2021年底商照直升机类别试题各章节正确率统计如表5-20和图5-13所示。

表5-20　2021年度商照直升机类别试题各章节正确率统计

章	章节名称	总人次	正确人次	通过率
第1章	航空规章	5776	4609	80%
第2章	直升机一般知识	1520	1242	82%
第3章	载重平衡	608	504	83%
第4章	人的行为能力	2432	2084	86%
第5章	气象	4560	3403	75%
第6章	领航与导航	6384	4797	75%
第7章	操作程序	1824	1460	80%
第8章	飞行原理	6080	4968	82%
第9章	无线电通信	1216	1029	85%

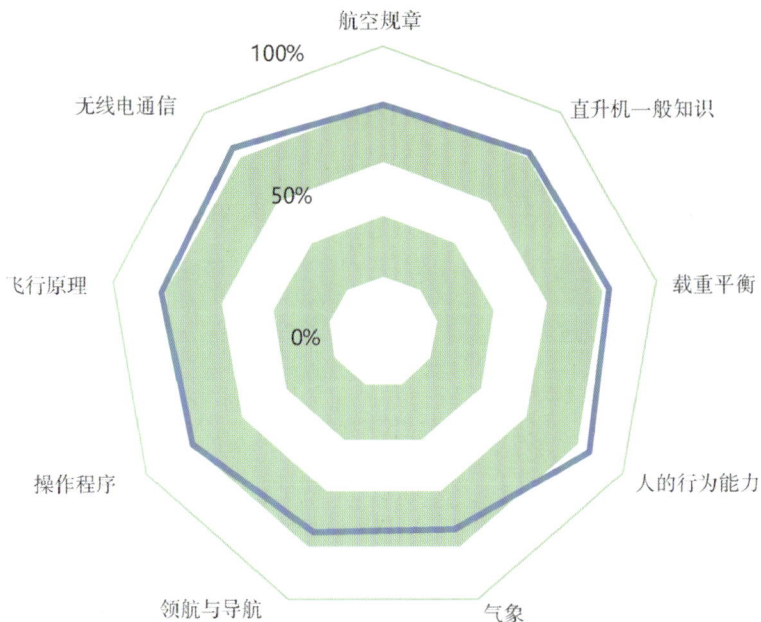

图 5-13 ｜ 2021年度商照直升机类别试题各章节正确率统计

（5）航线照飞机类别试题各章节正确率统计

2021年度航线照飞机类别试题各章节正确率统计如表5-21和图5-14所示。

表5-21 2021年度航线照飞机类别试题各章节正确率统计

章	章节名称	总人次	正确人次	通过率
第1章	航空规章	116 243	106 530	92%
第2章	飞机一般知识	58 490	36 117	62%
第3章	载重平衡	116 980	86 553	74%
第4章	人的行为能力	29 245	22 445	77%
第5章	气象	46 792	33 447	71%
第6章	领航	35 094	27 209	78%
第7章	操作程序	111 131	92 312	83%
第8章	飞行原理	58 490	45 276	77%
第9章	无线电通话	11 698	6977	60%

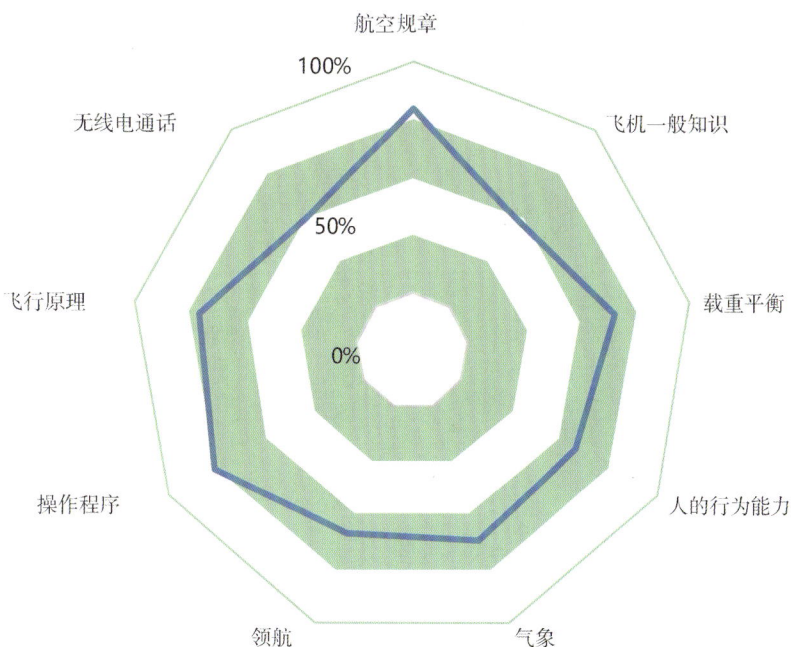

图5-14 | 2021年度航线照飞机类别试题各章节正确率统计

(6)航线照直升机类别试题各章节正确率统计

2021年度航线照直升机类别试题各章节正确率统计如表5-22和图5-15所示。

表5-22　2021年度航线照直升机类别试题各章节正确率统计

章	章节名称	总人次	正确人次	通过率
第1章	航空规章	26	18	69%
第2章	直升机一般知识	11	6	55%
第3章	载重平衡	44	24	55%
第4章	人的行为能力	9	5	56%
第5章	气象	26	17	65%
第6章	领航	30	22	73%
第7章	操作程序	28	18	64%
第8章	飞行原理	46	31	67%
第9章	无线电通话	8	3	38%

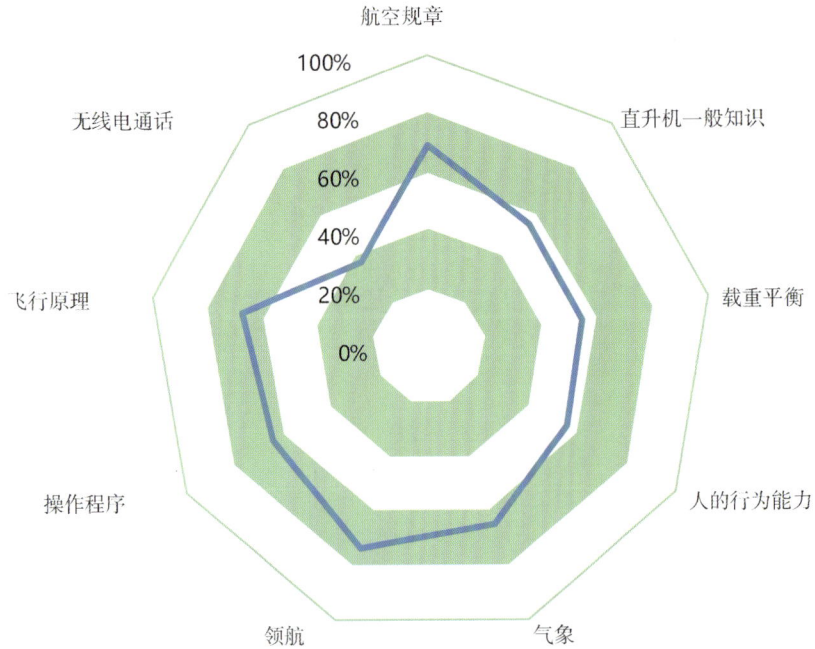

图5-15 | 2021年度航线照直升机类别试题各章节正确率统计

（7）仪表等级试题各章节正确率统计

2021年度仪表等级试题各章节正确率统计如表5-23和图5-16所示。

表5-23　2021年度仪表等级试题各章节正确率统计

章	章节名称	总人次	正确人次	通过率
第1章	航空规章	175 740	159 028	90%
第2章	飞机一般知识	70 296	62 696	89%
第3章	飞行计划	105 444	95 867	91%
第4章	人的行为能力	70 296	63 136	90%
第5章	气象	70 296	60 767	86%
第6章	领航与导航	105 444	92 081	87%
第7章	操作程序	70 296	55 659	79%
第8章	通信	35 148	32 930	94%

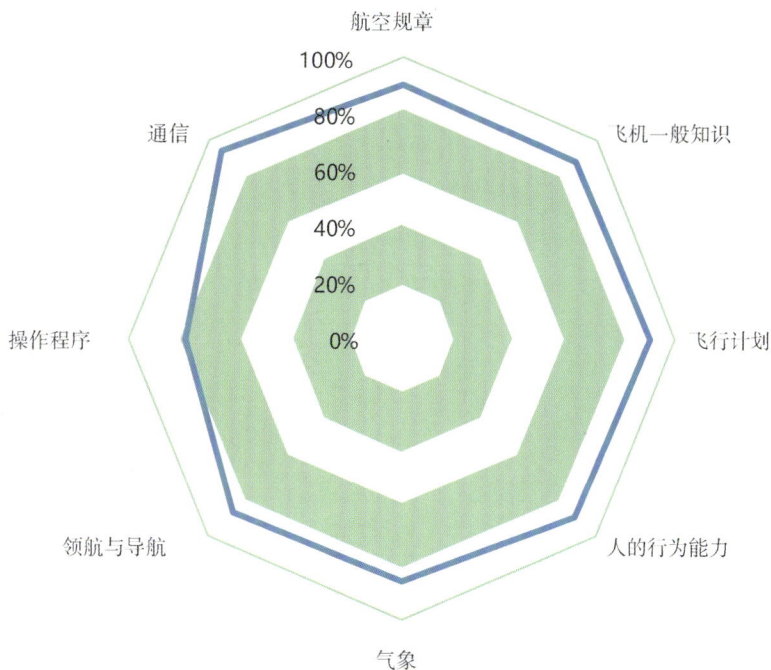

图5-16 ┃ 2021年度仪表等级试题各章节正确率统计

二、驾驶员语言等级测试考试统计

中国民航驾驶员语言等级测试系统（PLPEC）为中国民用航空局飞行标准司针对国际民用航空组织对语言能力的相关要求开发的语言等级测试系统。该系统采用基于网络的考试形式，实现语言等级测试的电子化。该测试系统包括中国民航驾驶员汉语等级考试（PCPEC）和中国民航驾驶员英语等级测试系统（PEPEC）。

根据中国民用航空规章《民用航空器驾驶员合格审定规则》第61.29条的相关要求，取得中国驾驶员执照的人员，须在执照上签注汉语语言能力4级或4级以上和英语语言能力3级或3级以上。

根据国际民航组织的规定，自2008年3月5日起，参与国际运行的驾驶员应当满足《国际民用航空公约》附件一中关于语言能力的要求，即至少应取得国际民航组织规定的英语语言能力4级的资格。也就是说，只要涉及国际航班的运行，工作语言水平必须达到英语4级以上，否则不能参加国际航班的运行。中国民用航空局近十几年在驾驶员语言培训和考试方面做了大量的工作。目前，我国的运输航空公司中的许多驾驶员已经认识到通过英语4级和汉语语言等级的重要性。

目前经过中国民用航空局评估开放的语言考试点有14个，分别是飞行学院、民航大学、南航、深航、东航、国航、西南局、海航、厦航、吉祥航、新疆局、沈航大、民航干院和山东航。下面分别从英语语言和汉语语言两个方面进行考试数据统计分析。

2017—2021年PEPEC各考点考试量统计如表5-24所示，其中2020—2021年PEPEC各考点考试人次对比如图5-17所示。2017—2021年PCPEC各考点考试量统计如表5-25

所示,其中2020—2021年PCPEC各考点考试人次对比如图5-18所示。

表5-24　2017—2021年PEPEC各考点考试量统计　　　　　　　　单位:人次

考点	2017年	2018年	2019年	2020年	2021年
飞行学院	3133	3560	3085	2759	3536
民航大学	310	503	559	683	835
南航	1896	1704	2349	2267	2335
深航	665	982	1327	1122	1308
东航	2477	1834	2636	2259	2885
国航	2821	2114	3214	1987	2142
西南局	2739	2629	3492	3262	3257
海航	997	941	1214	963	1111
厦航	464	505	647	952	1392
吉祥航	1180	1251	1269	1306	1314
新疆局	318	547	822	569	823
沈航大	1	243	477	108	175
民航干院	—	—	—	409	813
山东航	—	—	—	228	859
合计	17 001	16 813	21 091	18 874	22 785

注:PEPEC考试人次每三年一次复考高峰。

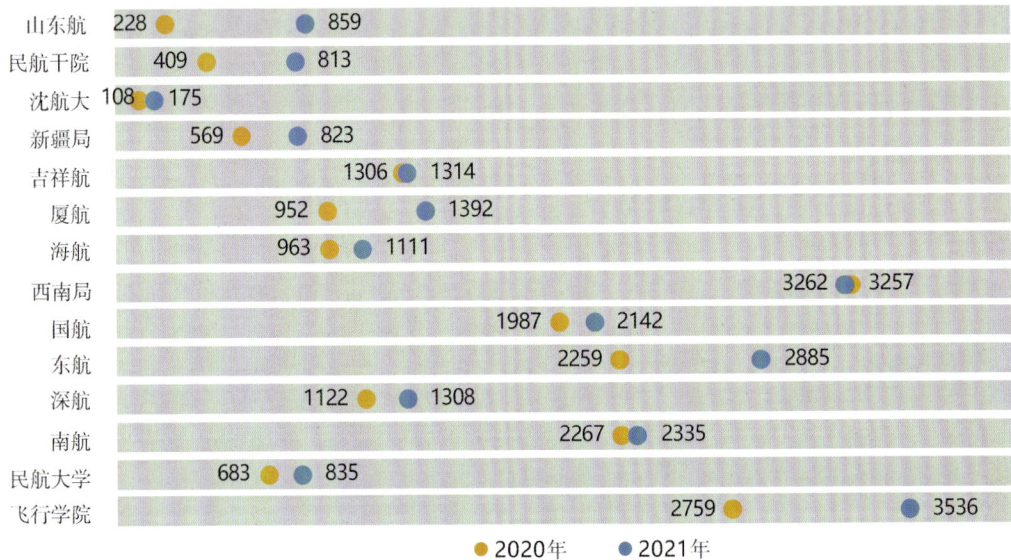

图5-17 ┃ 2020—2021年PEPEC各考点考试人次对比

表5-25　2017—2021年PCPEC各考点考试量统计　　　　　　　　单位:人次

年份	2017年	2018年	2019年	2020年	2021年
飞行学院	3764	1721	2545	2141	344
民航大学	657	569	275	761	133
南航	552	542	215	509	446
深航	346	287	344	231	173
东航	504	271	376	504	390
国航	541	183	398	524	421
西南局	352	409	465	506	426
海航	388	285	447	132	93
厦航	161	101	296	669	402
吉祥航	688	365	415	515	284
新疆局	274	272	408	369	21
沈航大	53	408	768	394	195
民航干院	—	—	—	275	212
山东航	—	—	—	273	234
合计	8280	5413	6952	7803	3774

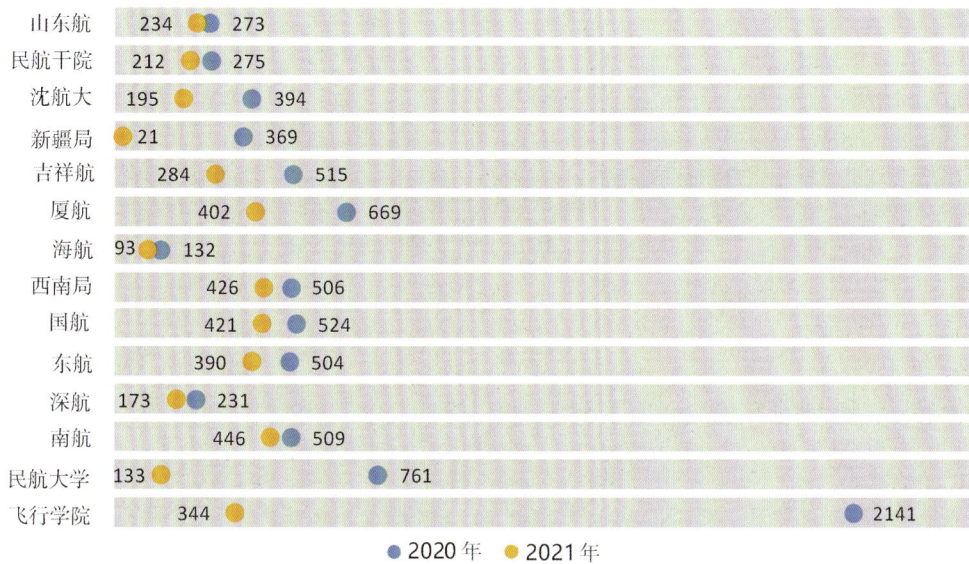

山东航	234 ● 273	
民航干院	212 ● 275	
沈航大	195 ● ● 394	
新疆局	● 21 ● 369	
吉祥航	284 ● ● 515	
厦航	402 ● ● 669	
海航	93 ● ● 132	
西南局	426 ● ● 506	
国航	421 ● ● 524	
东航	390 ● ● 504	
深航	173 ● ● 231	
南航	446 ● ● 509	
民航大学	133 ● ● 761	
飞行学院	344 ● ● 2141	

● 2020年　● 2021年

图5-18 ｜ 2020—2021年PCPEC各考点考试人次对比

中国民航飞行人员英语等级测试系统从2008年开始投入使用,2010年以后系统发展趋于稳定。2016年12月中国民用航空局对语言等级测试系统进行了升级。2017年1月1日开始实施汉语语言能力等级测试。2017—2021年PEPEC通过率和PCPEC通过率统计分别如表5-26和表5-27所示。2021年度PLPEC各考点4级及以上通过率统计如表5-28所示。2020—2021年PEPEC和PCPEC考试各月份考试人次对比分别如图5-19和图5-20所示。

表5-26　2017—2021年PEPEC通过率统计

年份	4级	5级	补考人次	考试人次	补考率	通过率
2017年	12 294	17	4654	17 001	27%	72%
2018年	12 282	73	3024	16 813	18%	73%
2019年	16 109	122	2886	21 091	14%	77%
2020年	15 638	90	1826	18 874	10%	83%
2021年	18 963	67	2504	22 785	11%	84%

注:PEPEC通过率是指通过英语语言等级4级及以上人次占总考试人次的百分比。

表5-27　2017—2021年PCPEC通过率统计

年份	4级	5级及以上	补考人次	考试人次	补考率	通过率
2017年	2290	5423	220	8280	3%	93%
2018年	1173	3939	225	5413	4%	94%
2019年	1293	5320	204	6952	3%	95%
2020年	1526	5969	131	7803	2%	96%
2021年	570	3099	69	3774	2%	97%

注:PCPEC通过率是指通过汉语语言能力等级4级及以上人次占总考试人次的百分比。汉语语言等级测试不同于汉语水平测试,主要测试使用汉语飞行中进行无线电陆空通信。因此,测试中陆空通话的专业知识是导致汉语语言能力4级以上通过率未达到100%的原因。

表5-28　2021年度PLPEC各考点4级及以上通过率统计

考点	PEPEC	PCPEC
飞行学院	57%	99%
民航大学	71%	95%
南航	93%	99%

续表

考点	PEPEC	PCPEC
深航	95%	99%
东航	88%	100%
国航	90%	97%
西南局	90%	96%
海航	94%	95%
厦航	87%	98%
吉祥航	93%	96%
新疆局	79%	100%
沈航大	71%	88%
民航干院	76%	99%
山东航	85%	96%

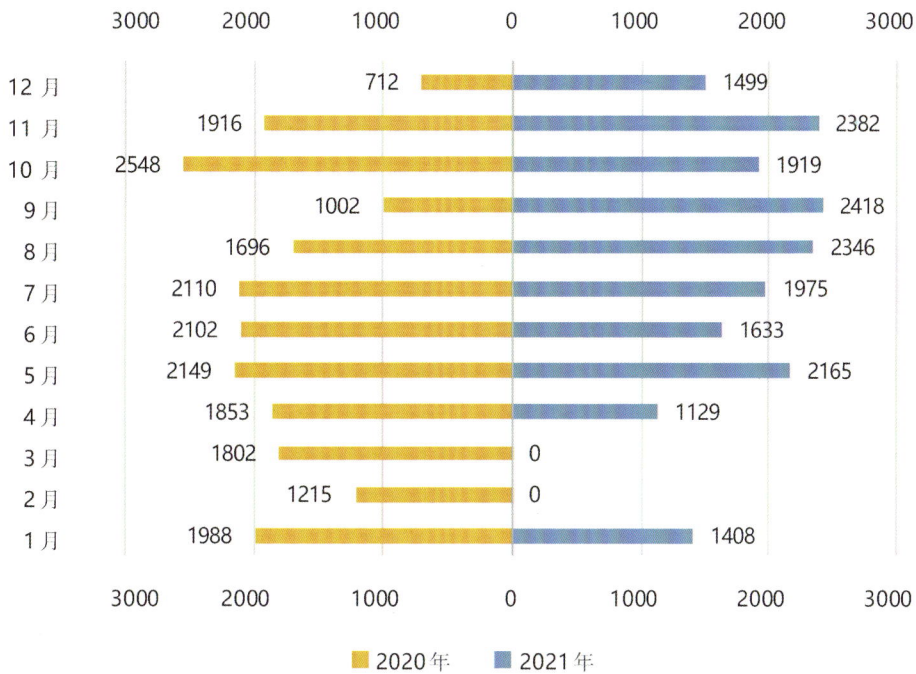

	2020年	2021年
12 月	712	1499
11 月	1916	2382
10 月	2548	1919
9 月	1002	2418
8 月	1696	2346
7 月	2110	1975
6 月	2102	1633
5 月	2149	2165
4 月	1853	1129
3 月	1802	0
2 月	1215	0
1 月	1988	1408

■ 2020年 ■ 2021年

图5-19 ┃ 2020—2021年PEPEC考试各月份考试人次对比

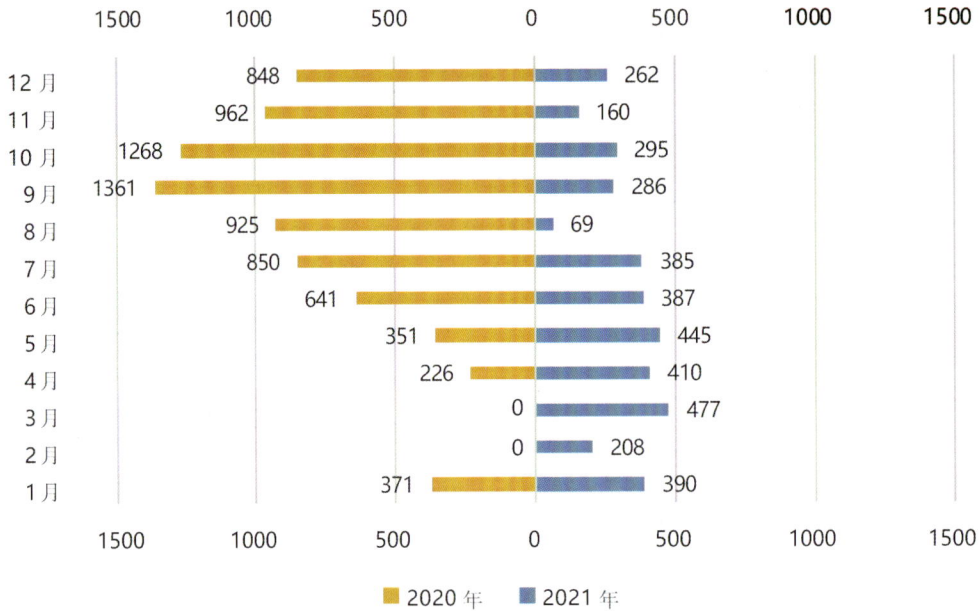

图5-20 | 2020—2021年PCPEC考试各月份考试人次对比

三、运输航空公司驾驶员ICAO英语等级签注统计

根据ICAO的规定，从事国际、地区运行以及要求使用英语通信运行的飞行人员，均应满足ICAO的英语等级要求。本部分对我国运输航空公司中国籍驾驶员的ICAO英语签注和签注到期后复考的情况进行了统计。

1.运输航空公司驾驶员ICAO英语等级签注情况

由于国际地区航线占比比较低，从表5-29和图5-21至图5-23中可以看出我国已总体上满足了ICAO关于英语的要求。

表5-29 运输航空公司驾驶员ICAO英语等级签注年龄结构统计　　　　单位：人

出生年份	副驾驶		机长		合计	
	3级及以下	4级及以上	3级及以下	4级及以上	3级及以下	4级及以上
1957年	0	0	0	0	0	0
1958年	0	0	1	1	1	1
1959年	2	0	18	14	20	14
1960年	4	0	28	15	32	15

续表

出生年份	副驾驶		机长		合计	
	3级及以下	4级及以上	3级及以下	4级及以上	3级及以下	4级及以上
1961年	1	2	39	28	40	30
1962年	28	3	204	74	232	77
1963年	17	6	200	85	217	91
1964年	18	6	160	94	178	100
1965年	25	3	181	112	206	115
1966年	18	10	175	125	193	135
1967年	18	3	109	127	127	130
1968年	13	7	84	135	97	142
1969年	11	6	60	123	71	129
1970年	11	10	64	213	75	223
1971年	15	16	122	230	137	246
1972年	23	11	115	228	138	239
1973年	15	19	126	298	141	317
1974年	20	18	93	352	113	370
1975年	10	30	77	387	87	417
1976年	12	21	61	395	73	416
1977年	10	18	56	430	66	448
1978年	14	35	68	504	82	539
1979年	13	29	83	452	96	481
1980年	16	57	52	518	68	575
1981年	14	87	50	709	64	796
1982年	22	163	74	1031	96	1194
1983年	30	188	77	1154	107	1342
1984年	19	286	70	1283	89	1569
1985年	48	362	63	1289	111	1651

续表

出生年份	副驾驶		机长		合计	
	3级及以下	4级及以上	3级及以下	4级及以上	3级及以下	4级及以上
1986年	36	554	67	1405	103	1959
1987年	45	884	42	1411	87	2295
1988年	56	1233	25	1248	81	2481
1989年	58	1745	12	1060	70	2805
1990年	36	2144	4	714	40	2858
1991年	30	2232	1	417	31	2649
1992年	40	2819	0	215	40	3034
1993年	36	3068	0	68	36	3136
1994年	37	3100	1	16	38	3116
1995年	35	2870	0	4	35	2874
1996年	15	2365	0	0	15	2365
1997年	8	1363	0	0	8	1363
1998年	0	582	0	0	0	582
1999年	0	35	0	0	0	35
2000年	0	2	0	0	0	2

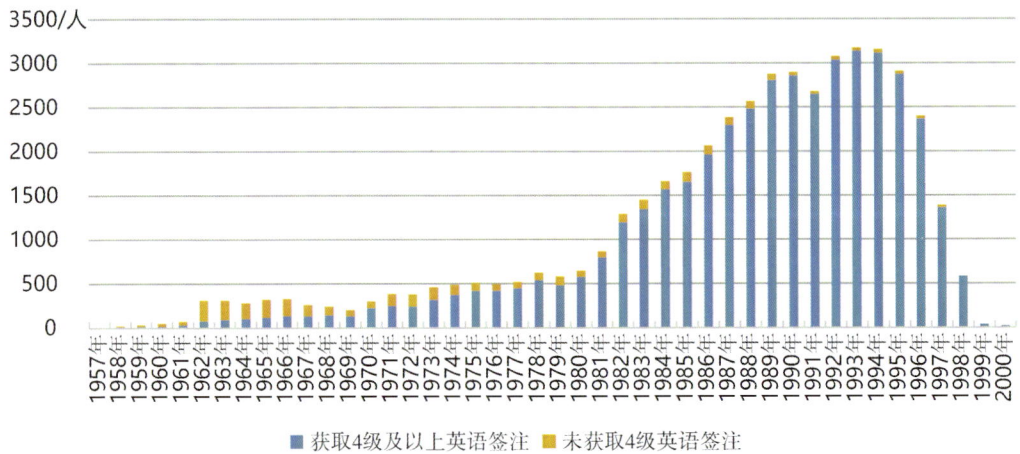

图5-21 | 运输航空公司驾驶员(包含副驾驶和机长)英语签注年龄结构分布

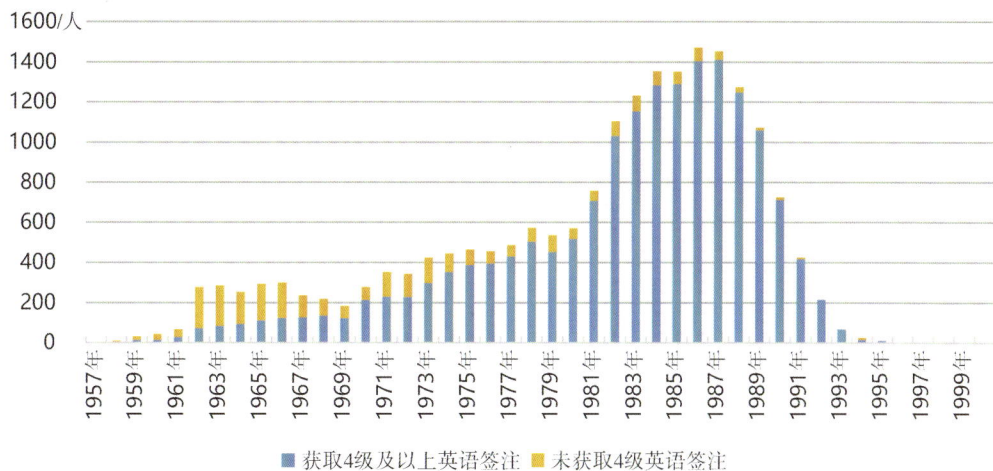

图5-22 | 运输航空公司机长英语签注年龄结构分布

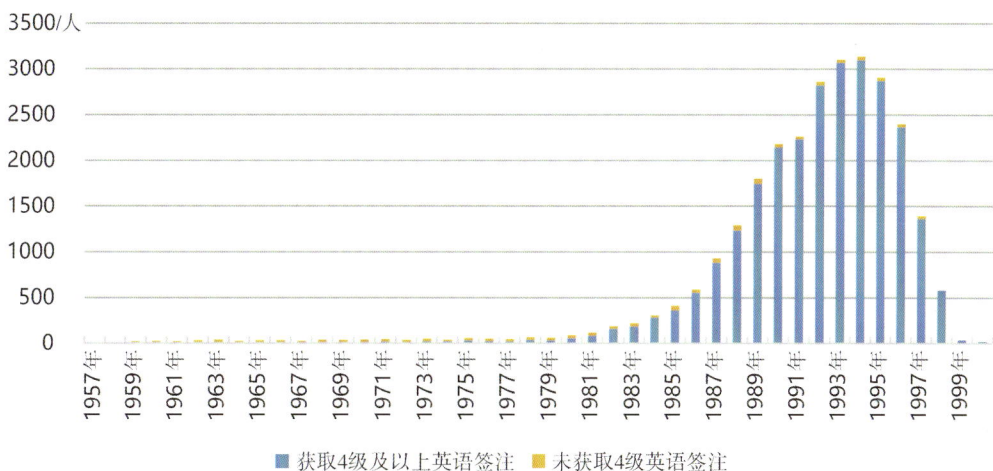

图5-23 | 运输航空公司副驾驶英语签注年龄结构分布

随着民航业的快速发展,各运输航空公司的国际地区和地区航线也逐渐增加,对驾驶员英语能力等级的要求也越来越高,航空公司和驾驶员也更加重视英语语言能力。

2.运输航空公司驾驶员英语等级签注和考试趋势

根据近年来下发的《中国民航驾驶员发展年度报告》中的数据,我们可以统计出2017—2021年运输航空公司驾驶员英语等级4级签注情况,如表5-30和图5-24所示。

表5-30 2017—2021年运输航空公司驾驶员英语等级4级签注率统计

年份	2017年	2018年	2019年	2020年	2021年
4级签注率	90%	92%	89%	94%	92%

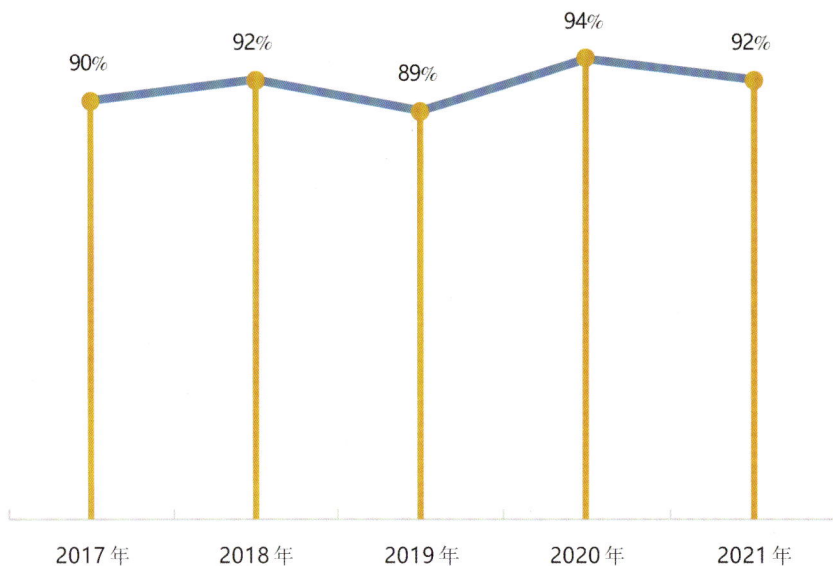

图5-24 ┃ 2017—2021年运输航空公司驾驶员英语等级4级签注率趋势

为了方便语言等级测试考试点合理安排2022年考试工作,现将2022年3月—2023年
3月运输航空公司驾驶员英语签注到期人数进行统计,由表5-31可以看出,2022年是运
输航空公司英语等级复考的大年。

表5-31 2022年3月—2023年3月运输航空公司驾驶员英语签注到期人数统计

月份	签注到期人数/人
2022年3月	1513
2022年4月	1749
2022年5月	1534
2022年6月	1595
2022年7月	2077
2022年8月	1178
2022年9月	1811
2022年10月	1765
2022年11月	1827
2022年12月	1853
2023年1月	1577
2023年2月	1189
2023年3月	1385

四、无人机驾驶员执照考试统计

本部分根据考试人次、通过人次、通过率、平均分等对无人机驾驶员考试系统的数据进行了统计分析。

1.无人机驾驶员执照理论考试数据统计

无人机驾驶员执照理论考试从 2014 年 6 月开始实施，2017—2021 年无人机驾驶员执照理论考试类型考试数据如表 5-32 和图 5-25 所示。

表5-32　2017—2021无人机驾驶员执照理论考试类型考试数据统计

年份	考试类型	考试人次	通过人次	通过率
2017年	固定翼	1230	900	73.17%
	多旋翼	19 060	12 235	64.19%
	直升机	1010	477	47.23%
	垂直起降固定翼	117	92	78.63%
2018年	固定翼	1396	1097	78.58%
	多旋翼	26 743	19 440	72.69%
	直升机	567	380	67.02%
	垂直起降固定翼	496	434	87.50%
2019年	固定翼	593	378	63.74%
	多旋翼	35 552	21 336	60.01%
	直升机	446	215	48.21%
	垂直起降固定翼	1039	712	68.53%
2020年	固定翼	342	154	45.03%
	多旋翼	36 473	20 660	56.64%
	直升机	403	199	49.38%
	垂直起降固定翼	1687	914	54.18%
2021年	固定翼	548	207	37.77%
	多旋翼	53 257	30 236	56.77%
	直升机	493	283	57.40%
	垂直起降固定翼	2818	1632	57.91%

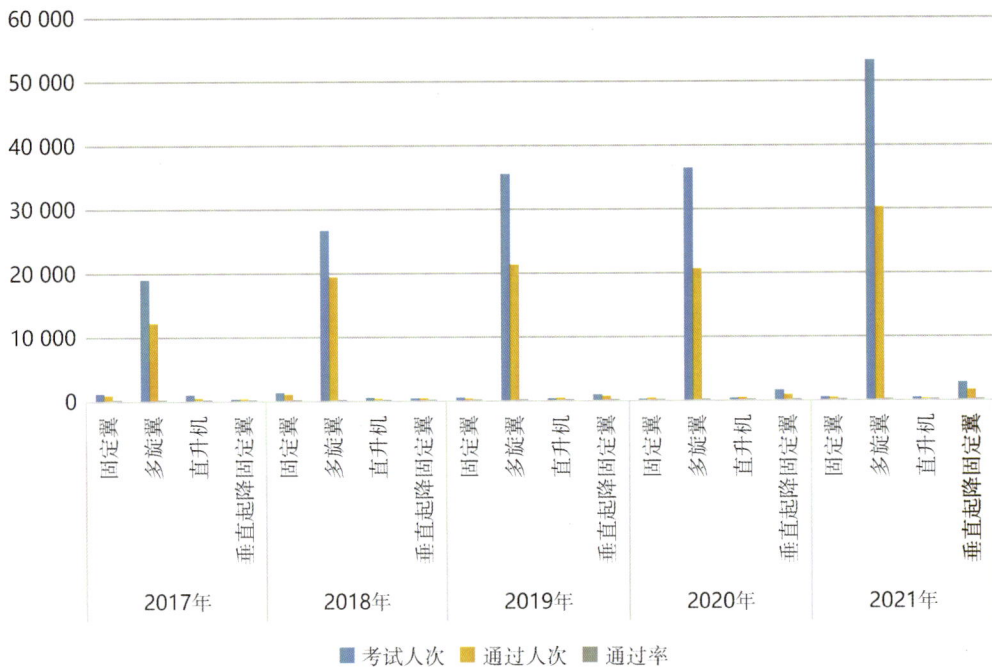

图5-25 ┃ 2017—2021年无人机驾驶员执照理论考试考试人次与通过人次对比

2.无人机驾驶员执照实践考试

无人机驾驶员执照实践考试从2016年6月开始系统实施并记录统计,截至2021年
12月31日统计数据如表5-33所示,实践考试通过率对比如图5-26所示。

表5-33 2017—2021年无人机驾驶员执照实践考试数据统计

年份	考试类型	考试人次	通过人次	通过率
2017年	固定翼	1045	974	93.21%
	旋翼	14 338	12 563	87.62%
	飞艇	3	3	100%
2018年	固定翼	1224	1031	84.23%
	直升机	441	359	81.41%
	多旋翼	23 314	20 518	88.01%
2019年	固定翼	573	446	77.84%
	直升机	372	276	74.19%
	多旋翼	28 838	25 697	89.11%

年份	考试类型	考试人次	通过人次	通过率
2020年	固定翼	287	198	68.99%
	直升机	389	255	65.55%
	多旋翼	29 215	24 849	85.06%
	垂直起降固定翼	1319	1020	77.33%
2021年	固定翼	299	213	71.24%
	直升机	426	282	66.20%
	多旋翼	38 273	33 970	88.76%
	垂直起降固定翼	2032	1741	85.68%

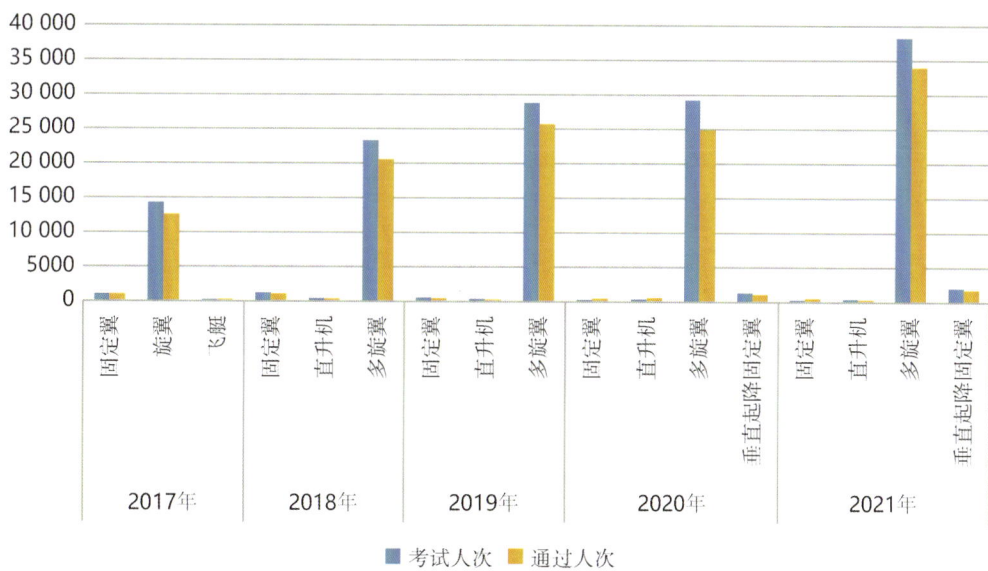

图5-26 ┃ 2017—2021年无人机驾驶员执照实践考试考试人次与通过人次对比

3.无人机驾驶员执照考试点分布

目前全国共有39个无人机驾驶员执照考试点,考试点为无人机驾驶员执照考试申请人提供理论与实践考试场地,考试点分布如图5-27所示。

图5-27 ▎ 无人机驾驶员执照考试点分布